全功率团队

[美] 杰夫·斯玛特　兰迪·斯特里特　艾伦·福斯特　◎著　缪成石　◎译
（Geoff Smart）（Randy Street）（Alan Foster）

POWER SCORE

新世界出版社
NEW WORLD PRESS

Power score: your formula for leadership success by Geoff Smart, Randy Street, and Alan Foster
Copyright © 2015 by ghSMART & Company, Inc.
Simplified Chinese edition copyright © 2018 by Grand China Publishing House
This translation published by arrangement with Ballantine Books, an imprint of Random House, a division of Penguin Random House LLC through Big Apple Agency, Inc., Labuan, Malaysia.
No part of this book may be used or reproduced in any manner whatever without written permission except in the case of brief quotations embodied in critical articles or reviews.

本书中文简体字版通过 Grand China Publishing House（中资出版社）授权新世界出版社在中国大陆地区出版并独家发行。未经出版者书面许可，本书的任何部分不得以任何方式抄袭、节录或翻印。

北京版权保护中心引进书版权合同登记 01-2018-0646

图书在版编目（CIP）数据

全功率团队 /（美）杰夫·斯玛特，（美）兰迪·斯特里特，（美）艾伦·福斯特著；缪成石译 . – 北京：新世界出版社，2018.6
书名原文：Power Score：Your Formula for Leadership Success
ISBN 978-7-5104-5662-6

Ⅰ . ①全… Ⅱ . ①杰… ②兰… ③艾… ④缪… Ⅲ . ①企业管理－组织管理学 Ⅳ . ① F272.9
中国版本图书馆 CIP 数据核字（2017）第 32219 号

全功率团队

作　　者：	［美］杰夫·斯玛特（Geoff Smart）　兰迪·斯特里特（Randy Street）　艾伦·福斯特（Alan Foster）
译　　者：	缪成石
策　　划：	中资海派
执行策划：	黄　河　桂　林
责任编辑：	吴伶伶　贾瑞娜
特约编辑：	宋金龙
责任印制：	王宝根　林卓群
出版发行：	新世界出版社
社　　址：	北京西城区百万庄大街 24 号（100037）
发 行 部：	（010）6899 5968　（010）6899 8705（传真）
总 编 室：	（010）6899 5424　（010）6832 6679（传真）
http：//www.nwp.cn　http：//www.nwp.com.cn	
版 权 部：	+8610 6899 6336
版权部电子信箱：	nwpcd@sina.com
印　　刷：	深圳市东亚彩色印刷包装有限公司
经　　销：	新华书店
开　　本：	787mm × 1092mm　1/32
字　　数：	200 千字　印　张：7
版　　次：	2018 年 6 月第 1 版　2018 年 6 月第 1 次印刷
书　　号：	ISBN 978-7-5104-5662-6
定　　价：	42.00 元

版权所有，侵权必究
凡购本社图书，如有缺页、倒页、脱页等印装错误，可随时退换。
客服电话：（010）6899 8638

POWER SCORE
致中国读者的信

To all of our friends in China —

We hope that the ideas in this book will help you to hire the right "who" to achieve continued professional success and economic growth.

All the Best,

GSS + Randy Street

亲爱的中国朋友：

我们希望你能运用本书的观点找到最合适的人才，从而实现事业的成功和财富的增长。

祝一切顺利！

杰夫·斯玛特

兰迪·斯特里特

权威推荐

马歇尔·古德史密斯
美国管理研究院（IMS）终身成就奖获得者
畅销书《自律力》和《习惯力》作者

斯玛特顾问公司是世界顶级公司，它有能力帮助领导者招聘天才团队并率领团队全功率运行。没有什么比这两样更重要的了。

梅纳德·韦伯
雅虎公司董事长　eBay前首席运营官

《全功率团队》为我们提供了真正切实可行、

深刻精辟的建议，我推荐其作为组织领导者的必读书目。

弗雷德里克·史密斯
联邦快递公司董事长兼 CEO

在《全功率团队》中，斯玛特、斯特里特和福斯特将其二十余年领导生涯所得理论转变为一套实用、系统的方法，帮助领导者达成组织目标。

约翰·泽尔默
尤尼威尔公司（世界领先工业化学品独立分销商）前执行主席

我之前一直担心，《全功率团队》无外乎又会告诉我，要用不同的方式做好一百件事情。而我竟欣喜地发现，它实用到不可思议。

阿特·柯林斯
美敦力公司（全球领先的医疗科技公司）前董事长

《全功率团队》为以结果为导向的领导者展

示了一种实用而简单的工作方法。我强烈推荐大家阅读。

马特·西蒙奇尼
李尔公司（世界第五大汽车零部件供应商）CEO

  《全功率团队》一书为我们介绍了简单的程序和实用的工具，能使企业内部更加团结，帮助员工共同创造令人难以置信的业绩。

杰夫·布斯
布迪来公司创始人兼CEO

  我将《全功率团队》中介绍的方法应用到整个团队后，公司业绩出现了爆炸式增长。更可喜的是，作为领导者，我从工作中得到了更多的乐趣，这是前所未有的收获。

雷吉·比莎
科罗拉多州政府社会服务部执行部长

  我的团队成员在使用了《全功率团队》中介绍

的方法后,对话 1 小时取得的成果,大于以往任何一场战略规划会议。

阿图·葛文德
美国著名外科医生
畅销书《清单革命》作者

我一点不惊讶《全功率团队》会成为领导学的新宝典。不管是医疗产业还是其他产业,不管是政府机构还是非营利组织,高效团队都是成功的关键。该书将帮助各类组织通过改变谈话方式来达成目标。

凡尔内·哈尼什
创业者协会创始人
《升级》和《史上最伟大的商业决策》作者

斯玛特、斯特里特和福斯特非常了不起,他们的理论足以被奉为领导力研究领域的相对论。仅凭一条简洁实用的公式,他们就能帮你迅速提高组织绩效,让你成为出色的领导者。

潘诺斯·阿纳斯塔斯亚迪斯
全球网络公司执行合伙人

斯玛特顾问团队又成功了。通过《全功率团队》，他们解密了招聘 A 级员工的整个过程，现在，他们又破解了如何成为一名 A+ 级领导者的密码。

目录

前　言　如何让团队全功率运行？　1

第1章　优先事项
从"为什么"开始，到"是什么"结束

约什·西沃曼如何带领 Skype 将次要业务打造成全球最具影响力的品牌？梅纳德·韦布怎样从 IBM 的保安一路成长为 eBay 首席技术官？许多领导者都善于设定目标，但其中只有少数人有设定优先事项的习惯。

与使命紧密关联：从"为什么"开始 / 22

正确：确保优先事项与时俱进 / 30

明确：学会做减法决策 / 38

如何找出最关键的优先事项？ / 44

51 第 2 章 用 人
让招聘准确率从 50% 提升至 90%

比尔·阿梅里奥带领联想从世界第五大个人电脑制造商一跃成为世界第一；传奇 CEO 吉姆·古德奈特 40 年未裁一人，打造了价值 30 亿美元的赛仕公司。当今商界领导者需要解决的头号难题，就是招聘失败。

诊断：应用"技能－意愿"牛眼图 / 55

部署：开除，调岗，招聘 A 级选手 / 63

计分卡：优先事项和用人的衔接点 / 71

物色：在人际圈中寻求推荐 / 73

选拔：A 级招聘法 / 75

说服：五条法则与五项战术 / 83

发展：通过实践与指导进行有效学习 / 93

101 第 3 章 关 系
发挥集体效应，使整体远大于部分之和

如果你倡导创新，你是否创造了一个鼓励创新的环境？如果你教导别人懂得尊重，你自己是否尊重每个人？你是否在真空中工作，并想象其他人会自动围绕在你周围？若想让团队全功率运行，领导者必须在组织内部建立忠诚、合作与挑战的强关系。

协调：为优先事项与关键行动而沟通 / 107
忠诚：忠于使命，忠于领导，忠于彼此 / 114
挑战：创造超越认知的伟大 / 140

153　第4章　等　于
PWR 分值的计算与提升

　　810 分的直觉公司年收入 40 亿美元，市值增长率 100%；504 分的金考快印公司年利润 2 亿美元，投资回报率提高了 3.5 倍；创业者杰夫将公司得分从 60 分提升至 729 分，公司营业收入 4 年增长了 7.5 倍。提高你的领导力分值，你的业绩也会随之水涨船高。

结　语　现在轮到你了　189
致　谢　193
领导者胜任力列表　197
延伸阅读　203
袖珍卡片　207

前 言

POWER SCORE

如何让团队全功率运行?

"最实用的领导学著作!"我们希望你和你的团队在阅读完本书后都会发出这样的感慨。

其他书籍也会宣称自己很实用。

不错,但有三个要素是其他书无法与我们匹敌的。

第一,本书所做的研究均基于大数据(《华尔街日报》称之为"梦寐以求的大数据"),这让其他书望尘莫及。在过去的 20 年里,我们对超过 1.5 万位领导者进行了完整的职业生涯访谈,每场访谈持续 4 小时,由此我们收集到了超过 900 万条数据。

这么多？

是的。如果你认为听取一位领导者的建议能对自己有所帮助，那么不妨想象一下，1.5万位领导者同时向你提出他们最棒的建议，该是怎样的振奋人心。

来自顶尖学府的研究团队对我们的海量数据进行了深度分析。斯玛特顾问公司（ghSMART）的领导力顾问也充分研究了其客户所面临的最大挑战，以及这些挑战给他们的成败带来了怎样的影响。大量研究过后，斯玛特顾问公司将为客户提供的咨询建议提炼成一个简单的分值。你可以与自己的团队一起计算出这个分值，而它将为你指明你的短板以及今后的努力方向。我们由衷地相信，以上方法将是助你走向成功的秘密公式。

让这本书实用而与众不同的第二个理由是什么？

我们将本书设计成了"你问我答"的形式，在降低阅读难度的同时又增加了阅读乐趣。你的话将以粗体显示。

我的话以粗体显示？

没错，你的话以粗体显示，然后是我们的回答。这本书就是一次深度对话，我们会将自己知道的以及你需要知道的和盘托出，同时与你分享一些神奇的故事，包括领导者如何通过引入领导力分值（power score），从而让他们的公司、团队甚至生命都来一个华丽的转身。

这话说得有点满。

重要的是我们有这个底气。近20年来，我们研究测试过的大型公司、创业企业和社会服务机构不计其数，而测试结果证明，我们的方法切实可行。同时，我们也将与你分享一些马失前蹄的教训，以避免你的团队重蹈我们的覆辙。

这本书主要讲述什么内容？

这里就要讲到为什么说本书实用的第三个理由了。我们总结出了一条关于领导力分值的简单公式，它能让你和你的团队找到提升业绩的有效方法。

当你的团队取得更好的成绩时，你们就会为世界带来更多的积极影响。那么，无论你从事哪个行业，都能平步青云，享受事业上的成功。

我们都想要这样的东西。那么，何为"领导力分值"？

我们将"领导力的大统一理论"归结成一个数字，也就是所谓的领导力分值。当你做出改变，提高了自己的领导力分值时，你的业绩将会同步提升；而当你的领导力分值下降时，业绩也会同步下降。

我们怎样计算自己的领导力分值？

将你的团队成员聚集起来，共同进行一场领导力会谈。我们在本书的最后给出了一份应用模板供你借鉴。在会谈开始时，请首先提出一个最基本的问题："我们的团队正在全功率运行吗？"

听听他们怎么说。开始时，他们的意见可能会有些含糊，但你也要密切关注，因为这些意见将是你采取不同措施的出发点。然后让他们考虑以下三个方面的问题：

- 优先事项（priorities）。我们是否设定了正确的优先事项？
- 用人（who）。我们为实现目标找到了合适的人选吗？
- 关系（relationships）。目前的团队关系是否有利于实现目标？

紧接着，要求每一名团队成员按1～10分给这3个变量打分，10 分是最高分。最后，让他们将这 3 个数字相乘，得出答案，举起题板。

领导力分值（power score）= P × W × R

我明白了，将 PWR 拼写成 power（领导力）。

你说的没错。我们将 PWR 公式拼写成 power，其目的是为了方便记忆。

公开自己所得分值？这听起来让人好紧张！得多少分算是好成绩呢？

完美的分值当然是 1000 分，即 10 × 10 × 10 = 1000 分。但这仅为理想状况。实际状况是，分数高于 729 分就意味着你的团队已经处于全功率运行状态。

为什么只有 729 分？

因为以完美为目标是无用的。你不必为没能做到完美而沮丧，事实上，根本就没人能做到完美，巴菲特也不行。

如果你的 3 项得分均是 9 分（9 × 9 × 9 = 729），这就说明你已经做得非常好了。

当你的团队的 PWR 分值达到 729 或更高分时，你就可以

拍拍自己的肩膀，继续做你正在做的事情。只有10%的团队能够随时保持全功率运行状态。

如果你的领导力分值介于500与700之间（$8 \times 8 \times 8 = 512$），说明你仍然做得不错，这时你只需稍作调整就有可能让团队全功率运行。大约30%的团队正处于这个层级。

如果领导力分值低于500，说明团队并未全功率运行。发生这种情况时，你必须找出拖累分值的人和事，进而采取行动让分值提高到729。

那么，计算出领导力分值之后呢？

在所有团队成员打分完毕后，让他们就每一项的评分标准及评分方法进行集体讨论。这是领导力会谈中的关键部分。

听听他们的想法，并努力提高每一项的分值。提高各项分值也就相当于提高你的领导力分值，而你的业绩也会随之水涨船高。

你们三位作者是谁？我凭什么相信你们？

嗨，很高兴见到你。

我们的名字分别是杰夫、兰迪和艾伦。我们当中有商业领袖、畅销书作家，也有社会企业家。我们不是学者，也不是退休的 CEO；不是所谓的大师，更不是媒体布道者。

我们这三个家伙致力于帮助领导者们放大自己对世界的积极影响，仅此而已。让我们倍感荣幸的是，许多读者都读过我们之前推出的两部作品——《聘谁》和《领导精英》。读者们的喜爱不但让它们成了畅销书，还支持它们赢得了奖项。

我们都在斯玛特顾问公司工作，斯玛特顾问公司是一家领导力咨询公司。作为值得信赖的咨询顾问，我们致力于给那些拥有或管理大型机构的领导者提供服务。20 年来，斯玛特顾问公司在帮助这些领导者招聘和培养优秀团队上取得了傲人的业绩。

你可能不会轻易相信我们的一面之词，而事实上，我们在领导力咨询方面确已得到了诸多第三方的肯定，包括：

- 哈佛商学院（HBS）内流传着两个与我们公司相关的教学案例，它们被命名为"斯玛特顾问公司：专业服务先锋"。
- 阿图·葛文德（Atul Gawande）在《清单革命》一书中对我们严谨的领导力咨询方式大加赞赏。
- 汤姆·彼得斯（Tom Peters）在《小事情大事件》一书中称我们的招聘方式为"一次非常了不起的壮举"。

- 乔治·安德斯（George Anders）在《罕见的发现》一书中表明，与所有评价和选拔领导者的方法相比，斯玛特顾问公司的做法最有效。
- 莫林·布罗德里克（Maureen Broderick）在《专业服务的管理艺术》一书中为我们提供了成就顶级公司的方法。

PWR 分值真的会起作用吗？那些能率领团队全功率运行的领导者与其他领导者相比有何区别？

两倍。那些率领团队全功率运行的领导者的职业成功率很可能是一般领导者的两倍，是 PWR 分值最低领导者（底部 10%）的 20 倍。

这不会是你虚构的数字吧？

不。书中的每个数字都来自我们刚才提到的数据库和专业研究，见图 1。

那么，请再说说你们的研究成果和 PWR 开发过程。

这 1.5 万次职业生涯访谈中的每一次，都是持续 4~5 小时的半结构化面谈。它涵盖了受访领导者的整个教育背景和

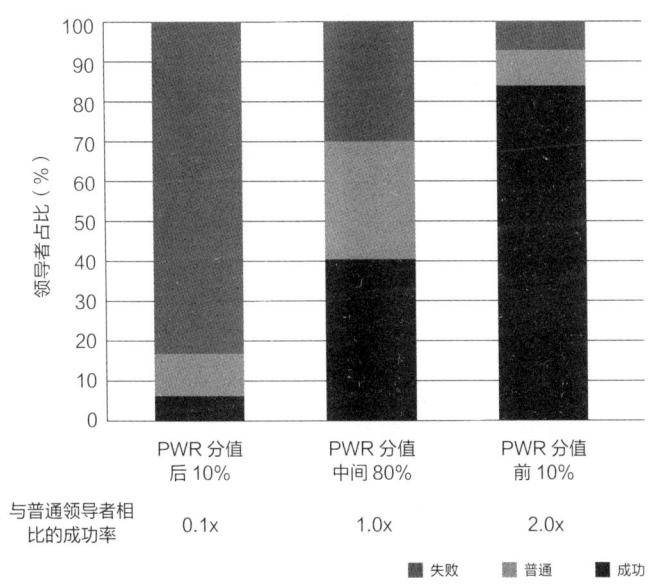

图 1　成功率与 PWR 分值的关系

注：数据提取自 3052 名候选人

数据来源：斯玛特顾问公司专有数据库

工作经历，包括从事的工作、主要成就、失败经历、优劣势、人际关系、领导风格、思维模式，以及性格特点和动机。总之，我们从每个人身上收集到 600 多个数据点，合计数量超过了 900 万。

这其中大概有 1/3 的受访者是 CEO，其他绝大多数是他们的直接下属或其他高管。我们也采访了非营利组织领导者、

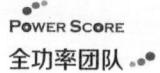

军事将领、大学校长及外科主任医师,以保证样本的多样性,进而证明PWR是增强领导力的全能框架。

我们会在每次访谈后对数据进行分析,寻找其中的成败模式。例如有一次,我们发现受访者从孩童时代开始就与他的父亲产生矛盾,因此这位受访者在其整个职业生涯中都与上司格格不入。在另一次访谈中,我们访问了一个强硬派。他从学校辍学后到油田工作,最终凭借自己旺盛的斗志、非凡的创造力和吃苦耐劳的品质,成功打造出一家大型石油服务公司。每次访谈后我们都会从中发现影响受访者成就、行为和动机的模式。

我们的团队在采访和分析各类领导者上大概用了30万小时。通过与芝加哥大学商学院的史蒂夫·卡普兰(Steve Kaplan)博士及其团队合作,我们对其中3000多份访谈记录进行编码,使其更便于横向学习和纵向推广,更适用于所有领导者。在这些数据的基础上,我们开始思考:是什么成就了领导者?什么样的关键优劣势之间存在何种关联?

你们有什么发现吗?

在数据分析师的仔细挖掘下,三组不同的优势技能逐渐凸显出来。

第一组包括设定愿景、制定策略、提出创意想法等方面的优势技能。然而，并不是每一位领导者都具备这样的优势。起初我们曾对此感到不解，但后来我们终于发现了问题的关键：重要的不是做了什么，而是做成了什么。

在这样的情况下，无论是演绎型、归纳型、战略型抑或是直观型，每一位成功的领导者都有同一特性，那就是他们都设定了明确的优先事项。

而第二组优势技能则体现在招聘英才、开除庸才及发展人才上。并不是所有的领导者都善于做这几件事情，但所有成功的领导者都是这方面的高手。他们能够根据头号优先事项笼络 A 级选手并由此组建团队。用我们的话说就是集中一切力量，得到最合适的人才。

当然，打造强大团队还要求领导者具备某些传统的领导能力，因此最后一组优势技能涉及激励他人、培养团队成员的忠诚度，以及透明化沟通三个方面。成功领导者所具备的领导技能并非于家中就能练成，他们需要通过培养自己的人际关系，以实现工作目标，创造非凡业绩。

底线是什么？

实现非凡领导的关键在于设定正确的优先事项，为实现目标找到合适的人选，并培养出有助于实现目标的团队内部关系，即优先事项、用人、关系。

这是关于领导的三个关键性因素，你必须让自己三面俱到才能取得成功。尽管诸如运气、利率及中国茶叶价格等其他因素也可能有益于此，但在领导者不能直接控制的诸多事项中，此三项最为重要。

PWR 是实现成功领导的公式。PWR 分值越高的领导者，越能率领团队全功率运行，他们总是比其他人更为成功。

为了取得成功，我必须让自己达到三项全能吗？

如果你想让自己的团队全功率运行，就必须努力达到三项全能（图 2）。领导团队就像是铁人三项运动，如果你不会游泳，想想你会取得怎样的成绩？

成绩垫底吧？

也可能会沉到海底。你也许擅长长跑和骑行，但如果你不会游泳，你就不可能赢得铁人三项赛。

那么，领导者最薄弱的地方在哪里？

最常见的是他们不能为团队招来合适的人选，即 W 项，用人问题。只有不到14%的领导者真正擅长选人用人。他们大刀阔斧地解雇庸才,举贤纳士以发展团队,花在用人问题上的时间也最多。

而真正擅长设定优先事项的领导者所占的比重不足24%。他们往往兼具战略眼光,以及出色的组织能力和决策水平,能够成功设定出既正确又明确,同时又与自己的任务紧密相关的优先事项。

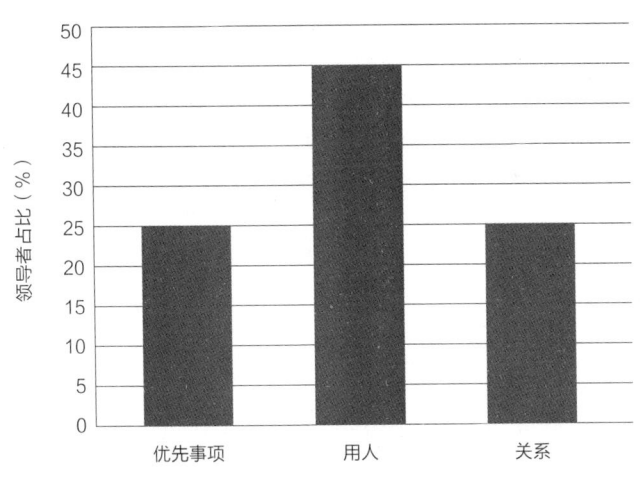

图2 P项、W项和R项都擅长的领导者占比

注:数据取自3052名候选人;每项分值为一个标准偏差或大于均值的领导者

数据来源:斯玛特顾问公司专有数据库

R项（关系）又是怎样的情况呢？我一直认为领导者主要做的就是如建立关系和激励追随者等的工作，大多数领导学著作写的都是这些。

关系这一项确实非常重要，但构建关系只是领导者需要具备的基本能力。在我们的数据库中，善于构建关系的领导者所占比重高达47%。他们要确保团队内部步调一致，共同迎接挑战，追求胜利。如果你只想当一位平凡的领导者，那么你只需关注关系这一项即可。否则，你就必须同时关注团队的优先事项及用人问题。

有多少领导者能实现优先事项、用人和关系的三面俱到？

不多。事实上，任何时候都精于此道的领导者只占总数的1%。这个标准非常严苛，需要他们日复一日、周而复始地坚持。而好消息是，我们并不是要把你打造成一位完美的领导者，而是帮你带出最好的团队。约10%的领导者能在给定的时间里领导团队全功率运行。

也就是说，如果我想实现团队的全功率运行，就必须努力挤进前10%？

没错。我们会教你如何达成这一目标，但你绝不能只做自己感兴趣的一项或两项而忽略其他,你要保证自己能够三面俱到。

首先,我们会帮你和你的团队计算出你的领导力分值,方法就是对你的 P 项、W 项和 R 项进行准确打分。

其次,你要做的是认真听听大家就此提出了什么有用的看法,并想办法改进自己在这三个方面的不足。

最后,让我们一起探讨那些最为成功的领导者,也就是那些获得超高领导力分值的超级新星们是如何取得成功的,以及当你率领团队全功率运行时,如何才能取得同样的成功。

现在你准备好了吗?

CHAPTER 1

第 1 章

优先事项

从"为什么"开始,到"是什么"结束

约什·西沃曼如何带领 Skype 将次要业务打造成全球最具影响力的品牌?梅纳德·韦布怎样从 IBM 的保安一路成长为 eBay 首席技术官?许多领导者都善于设定目标,但其中只有少数人有设定优先事项的习惯。

第1章 优先事项

从"为什么"开始,到"是什么"结束

铁人三项这就开始了吗?

没错。是时候戴上泳镜,纵身一跃,开始游泳了。

优先事项 P 具体指什么?

简单地说,优先事项就是"我们需要做什么"及"为什么要这样做"。

这是目标管理(MBOs)的另一种说法吗?这个概念已经流行很长时间了。

确实如此。半个世纪前,彼得·德鲁克(Peter Drucker)创造了这个词。而幸运的是,当 20 年前杰夫创办斯马特顾问公司时，德鲁克恰好是我们的创业导师。事实上，是他帮助我们制订了商业计划。

很酷！

的确如此。德鲁克是一位睿智而慷慨的导师。我们都意识到目标管理或目标设定已不是什么新概念，但我们更愿意使用"优先事项"这个词，因为相比盲目地设定目标，处理好优先事项显得更有难度，意义也更加深远。

为什么？

拥有目标只能说明自己想要做成什么，但目标本身并不能解释为什么要这样做，或其中哪项最重要。通过设定优先事项，你就能将精力集中于少数几件真正有价值的事情上。

我们发现，许多领导者都善于设定目标，但其中只有少数人有设定优先事项的习惯。事实上在90%的情况下，当一位领导者的优先事项分值较低时，其原因一定是他在这方面做得太少。人们都喜欢开放的选项，不愿意对不重要的活动简单地说"不"。

我们曾与来自麻省理工学院（MIT）的一位领导者共事。这位领导者曾是一名才华横溢的工程师，帮助亚马逊公司构

第1章 | 优先事项

从"为什么"开始,到"是什么"结束

建了世界一流的供应链,利用高等数学计算出如何既经济又迅速地提供送货上门服务。后来他加入了一家新成立的技术公司,新工作使他变得异常抓狂,主要是因为他从来没有设定明确的优先事项。正如他所说:"我有点疯狂,总是同时思考十件事情。我经常需要给大家不断下指令,他们不喜欢和我一起工作。"果然,他的团队也发现他变得非常焦躁,因为他不知道什么才是真正重要的事情。

许多其他领导者同样面临类似境况。他们这样告诉我们:"我并未发现自己的日常工作有任何重要意义"或"摊子铺得过大""我们没能瞄准时机""我们这里不需要做什么艰难的决定",又或者是"高级管理层可能知道优先事项,但这里似乎没有人知道它们是什么"。

忽视优先事项的领导者很难实现他们的目标,能量的分散将直接导致业绩平庸。

回答下面这三个问题,试着在1～10的分值范围内给自己的优先事项打分:

- 我们的优先事项与使命之间的联系紧密吗?
- 我们设定的是正确的优先事项吗?
- 我们的优先事项是否明确?

可为符合以下标准的优先事项打 10 分:

- 与使命紧密关联。
- 正确。
- 明确。

与使命紧密关联:从"为什么"开始

先详细说说第一项标准:与使命紧密关联。

可以,但这有点尴尬。

尴尬?

斯玛特顾问公司曾被写进哈佛商学院的一个研究案例。杰夫和兰迪在礼堂前排就座,同时礼堂里还坐满了 MBA(工商管理硕士)学生。教授以向一名女同学提问开始当天的课堂讨论。他的问题是:"你是否愿意到斯玛特顾问公司工作?"

"不,我并不愿意。"她说着,轻蔑地把我们长达 16 页的案例稿甩到桌子的另一边。

"为什么不呢?"教授问她。

"据我所知,这家公司没有灵魂。"

第1章 | 优先事项

从"为什么"开始,到"是什么"结束

没错,这真的很难听。对我们的创始人杰夫来说,这样的评价就像是一根刺,深深地扎入他的心脏,使他因血流上涌而满脸通红。他希望赶快加入对话,告诉这位同学她错了。但兰迪却比较淡定,他笑着问这位同学:"你认为案例中缺少了什么?怎样才能让你觉得公司有灵魂?"

这位同学解释说,她曾在美国和平队[①]工作。"和平队曾花时间了解其成员的信仰及组织主张的是什么,存在的意义如何,又能给世界带来怎样的改变。而你们斯玛特顾问公司花时间思考过这些重要的问题吗?"

兰迪看向杰夫。

"没有。"杰夫看着兰迪说道,他也希望征得兰迪的意见。

"没错,我们未曾想过这样的问题,"兰迪同意了,"但我们会采取行动。谢谢你的评价!"

你们后来这样做了吗?

作为执行合伙人,兰迪的第一项行动就是组织一次员工大会,看看斯玛特顾问公司的员工是否愿意提炼自己的信仰、

[①]和平队(the Peace Corps),美国政府应对苏联挑战的重要举措之一。其组建初衷是利用美国在经济、技术和文化上的整体优势,同苏联争夺广大的中间地带,并通过和平队向新兴的发展中国家输出美国文化及价值观,将第三世界国家的发展纳入美国为首的西方阵营所期待的轨道。——译者注

遵循公司的宗旨,以及思考公司存在的意义。

经历几次头脑风暴大会后,所有员工一致决定,由新入职的员工代表和经验丰富的老员工代表组成一个团队,起草《捷思信条》(ghSMART Credo)。起草工作历时 12 个月最终完成,而《捷思信条》彻底改变了我们的工作观。

所以优先事项始于"为什么"?

没错。优先事项从"为什么"开始,到"是什么"结束。你为什么存在?你的目标又是什么?

领导活动旨在帮助人们领悟生活的意义,而不仅仅是获取结果。人不是物件,我们都希望自己付出的努力是有意义、有价值的,这就是必须从"为什么"开始的原因。

在波士顿访问哈佛商学院,受到了和平队学生的教诲后,当日下午,我们又拜访了阿图·葛文德[①]。作为我们所见过的最优秀的领导者之一,阿图非常清楚其组织存在的意义。

阿图主要专注于公共卫生领域,但他同时也是一位畅销书作家。他出版的几部畅销书中包括一部名为《清单革命》

[①] 美国白宫最年轻的健康政策顾问、影响奥巴马医改政策的关键人物、受到金融大鳄查理·芒格大力褒奖的医学工作者。《时代周刊》2010 年全球 100 位最具影响力人物榜单中唯一的医生。——译者注

第1章 优先事项
从"为什么"开始,到"是什么"结束

的救生指南,书中讲述了严格的手术室规程,以及其他方面工作的手续流程。另外,阿图还是一位业余外科医生。他时常在一间简陋的办公室里忙碌地工作,不论严寒酷暑一如既往。

不管怎样,当他想组建自己的研究机构时,我们都愿意帮他解决用人问题。那时候我们曾问起:"组建了自己的研究机构后,你想达成什么样的目的?"阿图回答说:"我们的存在是为了让100万患者免于遭受卫生系统缺失所带来的痛苦和伤害。"

那个和平队的女孩会喜欢阿图·葛文德的回答。

确实如此。由于目标清晰,阿图得了10分。他所有的优先事项都与这个令人难以置信的激励型"为什么"相呼应。例如,其中最崇高的使命就是建立一个世界级的研究团队,寻求大范围拯救病人的方法。

对非营利组织来说,这很容易做到,但世界500强企业的CEO们都受其底线驱动。

你把"是什么"放到"为什么"的前面去了!不管你是想拯救世界还是拯救一家公司(包括得到工作机会),这都无

关紧要。为了把工作做到最好，人们首先需要的是一个激励型"为什么"，之后才会考虑"是什么"。

我们已经看过很多像阿图一样的非营利组织的领导者，他们总是为了完成使命而充满激情，Skype 公司前 CEO 约什·西沃曼（Josh Silverman）也是这样一个人。当 eBay 以 26 亿美元的价格收购 Skype 后，媒体和分析师们都惊呼这个价格太高了。四年内 Skype 已换了四任 CEO，作为第五任 CEO，约什承受着巨大压力。

"工作以一种非常紧迫的方式开始了！"他告诉我们，"刚来到公司时，我就发现员工们士气低落。那时候投资者、媒体和领导层关注的焦点是如何处理财务预测中的人为泡沫，这等于无形中向团队传递了一条信息——公司快撑不住了。"

约什知道，在抓住问题的本质之前，他必须先整顿团队。他开始邀请客户到公司来，并与之分享 Skype 对这些客户的意义，大部分人都认为网络免费电话让他们能与远方的亲人、朋友进行亲密友好的联络。

我一直认为 Skype 做的是视频业务。人们通常把它看作一个动词，比如"我今晚想要与你 Skype"。

我们今天确实是这么给它定位的，但过去可不是这样。

第1章 | 优先事项
从"为什么"开始,到"是什么"结束

约什初来之时,视频还只是一项次要功能,被掩埋于其他产品之中。

"我们意识到,视频应是核心,"约什说,"自动画片《杰森一家》播出后,人们一直在谈论视频通话。而在这个领域,我们有着得天独厚的优势。虽然还没有公司涉足视频领域,但市场条件已经成熟,宽带的发展也为开展视频业务创造了条件。我要求团队在年底之前推出视频服务,让我们的产品成为视频领跑者。"

新产品推出后,Skype 围绕视频功能对品牌进行了重新定位。借助这款产品,新闻节目开始与世界各地的人们对话,奥普拉·温弗瑞(Oprah Winfrey)也在她的节目[①] 中与观众实时互动。虽然音频产品从未走远,但人们已经开始将 Skype 看成是视频会议的服务提供商。

发展视频业务也为约什提供了一个重新思考公司使命的机会:"我们将产品定位从'免费电话'转换为'当人们不能同处一室时也可实现面对面交流。'我要做的就是通过网络视频实现员工与客户之间的面对面交流,让人们直面使命。"

"例如,我邀请了联合国的一些工作人员,他们在国外的难民营工作,已经 18 个月没能见到家人。另外,我还邀请了

---

① 《奥普拉脱口秀》,美国历史上收视率最高的脱口秀节目。——译者注

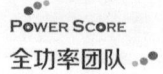

在世界另一端服役的士兵。在公司员工大会上,我们与他们连线视频,请他们说说 Skype 对于他们及他们的家人而言意味着什么。使命感赋予我们的员工以能量,也真正推动了公司的成长,因为我们每个人都非常清楚这个团队的存在意义。"

事实证明,将发展视频业务作为优先事项,同时将员工与公司的使命紧密关联的做法,成就了一场非常成功的商业实践。在约什的任期内,Skype 发展成为了视频会议的全球领导者。3 年间,公司的市值从 26 亿美元增长至 85 亿美元,年增长率接近 50%。

很棒!

没错,但我还有一个更棒的、关于员工与公司使命紧密关联的故事想要告诉你。阿特·柯林斯(Art Collins)是美敦力医疗器械公司(Medtronic)的 CEO。他曾在观察一名外科医生的术前准备时灵光一现,想出了关于脑钻的点子。

阿特看着医生在病人的头骨上钻出一个小洞,然后植入美敦力神经刺激仪。那名病人是一位患有帕金森病的钢琴演奏家。由于生病,他的手会不停地颤抖,再也无法弹奏钢琴。

第1章 | 优先事项
从"为什么"开始,到"是什么"结束

"我坐在那里观察着这名病人,他不受控制一直颤抖的双手突然停了下来,"阿特告诉我们,"成功了。当医生将神经刺激仪放在正确的部位时,他便停止了颤抖。奇迹就这样发生在一瞬间。"

后来,这位钢琴演奏家参加了美敦力医疗器械公司在欧洲举办的一场节日派对。他在派对上向大家说道:"我现在仍然需要面对帕金森病所带来的困扰,但得益于美敦力的产品,我已经能够做一些多年来都无法做到的事情了。"语毕,他很有风范地坐在舞台中央的三角钢琴前,为所有与会成员演奏了一首协奏曲。

"那是一个奇妙而独特的时刻,"阿特回忆说,"就在那一刻,美敦力的员工感到自己与公司的使命紧密关联。这一情景远胜过千百次的言传身教。"

此外,阿特又补充道:"还有一项案例,它与一个十几岁便身患严重脊柱侧凸的小女孩有关。这个小女孩曾向我们讲述,我们的一组器械如何使她的脊椎实现完美对齐,同时不必在后背留下一道丑陋的手术切口,因为美敦力研发的这款产品可实现微创植入,切口小得几乎像个钥匙孔。当小女孩告诉我们的员工,自己能穿着露背礼服参加高中舞会时,脸上溢满了笑容。"

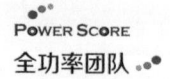

我明白了。重要的是搞清楚自己为什么而存在，告诉团队我们的工作正在对世界产生怎样的积极影响。

这是至关重要的一点，但并不是你唯一需要考虑的。你还必须确保你的优先事项是正确的。

正确：确保优先事项与时俱进

"必须确保优先事项正确"是什么意思？

优先事项首先必须是对的事情。把你认为有助于实现大目标的事情制作成一份任务清单。如果你认为完成这些优先事项能提高你达成目标的概率，那么这些优先事项可能就是正确的。然而当你不幸被俗务缠身时，你很难厘清什么是正确的优先事项。

能举一些例子吗？

优先事项中的"是什么"问题通常是一道多选题，要综合考虑客户、员工、产品、地点、竞争对手、供应商和其他具有重要战略特征的诸多因素。特定目标或结果的设定必须与优先事项的选择相一致，否则梦想将难以成真。

以下例子可以帮助你理解我们的说法。

第 1 章 | 优先事项
从"为什么"开始,到"是什么"结束

- 欧洲扩张:仅仅 18 个月,我们的欧洲客户就从 3 个增加到 10 个,营业收入从 300 万美元增加到 1000 万美元。
- 客户组合:增加商业客户的同时降低了对居民客户的依赖。仅仅 2 年时间,商业客户的营业收入占比从 20% 上升到 60%。
- 产品:3 年内将 75% 的研发资源集中在"蓝鸟项目"上,赢得至少两项重点行业质量奖。

这些例子描述的是某个特定的结果,其中还用了一些目标和时间表进行辅助描述。

正是如此。

这与确保优先事项的正确与否有何联系?

设定这样的具体结果会让你集中精力实现自己的三面俱到并取得成功。同时你也应该看看,这些结果与自己的终极目标之间有何联系。

世界一直在变。为了保持在正确的轨道上发展,你的优先事项可能需要与时俱进。拉里萨·赫达(Larissa Herda)带领公司渡过两次经济危机的过程中,就面临过这样的问题。

拉里萨是时代华纳电信公司[①]的CEO。由于是第一次担任CEO，她更专注于建立一支强大的团队，以弥补自己在经验上的不足。"我知道自己的弱点所在，而我能做的就是招聘那些在我的薄弱领域上比我优秀的人才。"这也成了她成功的关键所在。

当2001年金融危机来袭之时，时代华纳电信还只是一家小公司。当时的一些大型电信运营商纷纷宣告破产，而时代华纳电信也不得不裁员三分之一。"这是我职业生涯中最具破坏性的经历之一。"她说。

这也是一次有价值的教训。在接下来的几年里，拉里萨和她的领导团队在稳步发展公司的同时也对市场展开了密切监控。"我们与许多人进行了交流，包括我们的员工及客户。为此，当时的我每天都会阅读多份相关报纸。后来公司业务逐渐向好，我们成功完成了一个大的并购项目，并对公司内部做了调整，收入增长率接近10%。我们开始大举招兵买马。然而，在2007年的秋天，我们还是察觉到了资本市场里的动静，一些基本面不佳的公司股票将给我们带来灾难。虽然这算不上什么重大事件，但问题确实就摆在那里。"

---

①时代华纳电信公司（TW Telecom），时代华纳公司和美国西部公司的合资公司。——译者注

第1章 | 优先事项
从"为什么"开始,到"是什么"结束

鉴于此前金融危机的教训,时代华纳电信团队经过讨论最终做出了一个艰难而慎重的决定——转型。他们先前的计划是着眼于公司成长,加强人力资源投资。而现在,他们决定停止一切招聘。

这可是优先事项里的一大转变,公司内部有什么反应?

时代华纳电信公司的大多数员工都感到非常震惊。虽然一切进展顺利,但拉里萨和她的领导团队还是看到了地平线上的乌云。

他们大胆的行动终于有了成效。当一场更大的经济危机突然来袭,其他公司开始流血的时候,时代华纳电信公司不仅成功避免了再次裁员,还赢得了更多的市场份额。1997—2012年,公司的年营业收入从2600万美元增加到14亿美元。也就是说,15年来公司营业收入的年均增长超过了30%。在时代华纳电信公司上市之际,许多员工分享到了丰厚的成长果实。

值得表扬的是,拉里萨和她的领导团队早在2007年就意识到了他们为时代华纳电信公司所设定的优先事项不精准。在经济危机来袭前,拉里萨通过重设优先事项,帮助团队取得了成功。

预测市场会面临很强的不确定性,我应如何确保自己设定了正确的优先事项?

最好的方法是密切关注客户及竞争对手,这也恰恰是Noodles & Company连锁面馆的所有者亚伦·肯尼迪(Aaron Kennedy)必须做的事情。

威斯康星州麦迪逊市连续降雨30天,但看起来好像已经下了一年似的。年仅28岁的亚伦·肯尼迪刷爆了信用卡,负债5万美元换来了两家Noodles & Company连锁面馆。这两家面馆相距约1600公里,其中一家在丹佛,另一家则开在麦迪逊。可怕的是,它们都以惊人的速度烧着钱。

"我们的两家面馆都有个不错的开局,但客流量很快就开始迅速减少,"亚伦说,"为此我和团队成员曾冒雨驱车至芝加哥,向那里人气最旺的亚洲面馆取经,之后又回到麦迪逊开发新菜品。

"Noodles & Company麦迪逊店位于州立大街一栋美丽的红砖老建筑中,该建筑建于19世纪末,"亚伦说,"我们几个人集中在楼上的餐厅,工作人员每次给我们端来一道菜品,让我们品尝并做出评价。尝过前面几道之后,评委中便有人认为这些菜品一道不如一道。Noodles & Company的产品与愿景完全不符。"

第1章 优先事项

从"为什么"开始,到"是什么"结束

"试吃大约进行到一半的时候,一位工作人员突然从后面的楼梯飞奔上楼,冲进了我们所在的餐厅。他告诉我们,地下室被水淹了!"

依次品尝了越来越难吃的七道菜品后,评委们已经对接下来的菜品避之不及,此时转移"阵地"正合他们的心意。他们跑下楼,冲进了潮湿的地下室,发现水正从老楼墙壁上的一个洞口涌入。接着,他们抓起一只细长的垃圾桶并用其舀地上的水,装满水后几人合力将垃圾桶拖到一楼,顺着一楼往外淌水的地方把水倒掉。其余的人则继续舀水,直到把另一只垃圾桶装满。

"就这样,我们舀水、倒水,舀水、倒水……"亚伦至今仍记忆犹新。

漏水事件把团队凝聚到了一起,还是把他们冲散了?

几乎要把他们永远地冲散,但亚伦于危局中力挽狂澜。

水流渐渐变小,汗流浃背、疲惫不堪的七个人终于走出了地下室。他们中有六个人已准备好在自己的名誉被玷污前卷席潜逃。冒雨驱车至芝加哥考察学习,回来后又要品尝恶心的面条,为那个未得到充分实现的公司愿景感到惋惜,接着还得在百年老建筑的地下室里几乎舀足一个小游泳池的水。

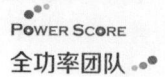

他们真是受够了。他们像自己品尝过的面条一样无精打采，准备永远离开 Noodles & Company。

"我觉得那是公司历史上生死攸关的时刻，"亚伦说，"每个人都想离开，该是决定跟他们一起放弃，或是站出来给团队打一剂强心针的时候了。我对他们提出请求：回到楼上去，大家坐下来研究下一步该做什么，让我们一起想办法解决面前的难题。"

重新设定优先事项真的能阻止员工离开吗？

不仅如此，亚伦的这一举动还彻底挽救了 Noodles & Company。"我们知道当前的计划无法帮助 Noodles & Company 取得成功，"亚伦告诉我们，"所以我们坚决抛弃它，准备另寻出路。"

评委们拖着沉重的脚步回到楼上的餐厅，开始讲述他们这一天所学到的一切。亚伦继续说："每个人都参与到了'到底什么对公司最重要'的讨论中。后来我们设定了一列非常具体的新的优先事项，它给我们注入了新的能量。"

很快，他们又制订了一份包含 15 项建议的清单，其内容主要围绕以下三大优先事项展开：

第1章 | 优先事项
从"为什么"开始,到"是什么"结束

1. 提高就餐环境的舒适度和吸引力。
2. 改变基本的客户流向与点餐流程。
3. 优化菜品。

除此之外,他们还制订了一个时间表,并对一同解决清单中的事项表示一致认同。

时至今日,亚伦已为他的团队感到无比自豪。Noodles & Company 已拥有超过 400 家门店,遍布全美 28 个州。2013 年,其净收入超过 4 亿美元。

回过头思考一番之后,亚伦意识到,与团队共同经历的那个雨天的确是公司的转折点。"我认为成功需要的不仅仅是努力,"他说,"还需要清晰的愿景及持之以恒的追求。并不是所有的领导者都能弄明白自己在为什么而奋斗,因此他们也无法将愿景有效地传递出去。没有了愿景,人们也就不知道该做什么。我们之所以能挽救公司,正因为我们清楚了什么才是最重要的优先事项。"

那么,如果我的优先事项是正确的,就算完成了吗?
不,还有一点,你的优先事项必须明确。

明确：学会做减法决策

是什么导致了它的不明确？

最常见的原因是设定的优先事项太多。也正因如此，大多数领导者虽然很努力，但 P 项的分值却都很低。他们从不说"不"，让太多的事项悄悄混入了优先表。

设定优先事项相当于做决策，而很多领导者却害怕做这样的事情，这是他们的软肋所在。对一件事说"是"就意味着对另一件事说"不"，这无疑会让某些团队成员感到不满。因此领导者更倾向于顺其自然，又或聘请职业顾问，让他们做一份冗长的策略报告。选择了自然就会有后果，所以在判定事情的重要与否时，很多领导者还是会想方设法逃避。事实上，只有 9% 的领导者真正擅长决策，尤其是需要做减法的决策。

近来，我们曾与美国最大的一家提供直接服务的慈善机构有过合作。他们的领导团队充满激情，所追求的愿景也十分清晰。包括组织文化在内，一切都显得朝气蓬勃。

这个团队共设定了 164 个年度优先事项，而它们早已让这个团队筋疲力尽。有谁能完成 164 个优先事项呢？经过充分的讨论，他们终于将优先事项的数目削减至 76 个，但还是

第 1 章 | 优先事项

从"为什么"开始,到"是什么"结束

太多。COO(首席运营官)针对烦琐的工作程序表达了看法:"我们的团队是一个具有包容性的组织。我们想让每一个人都觉得自己的目标也是组织的优先事项之一。"然而为了体现这样的包容性,团队最终陷入了混乱又不堪重负的境地。

事实证明,设定太多的优先事项相当于没有优先事项。

这是反面典型,还有其他正面案例吗?

梅纳德·韦布(Maynard Webb)就是一位设定优先事项的高手。

他的故事相当有趣。后来的梅纳德成了高科技领域最著名的领导者之一,还撰写了一部名为《用互联网思维工作》(Rebooting Work)的畅销书。然而,他初入职场的第一份职业却很卑微。有人于邮件收发室起步,而梅纳德却是从一名保安干起。

你说的是网络安全员吗?

不,就是坐在接待处后面,给人们发名牌的保安。梅纳德一开始只是 IBM 的一名保安,步入 IT 行业后职业生涯便顺风顺水。当时的 eBay 遇到了成长路上的大麻烦,梅纳德迎难而上,最终成为当时的 CEO 梅格·惠特曼的首席技术官。

当时的 eBay 服务器出现了诸多漏洞，是吧？

是的。所以梅格请来了梅纳德，最终梅纳德成功地帮助 eBay 重新走上了发展的轨道。这是一项壮举，而梅纳德做得最多的就是设定优先事项。他就像一名消防员，直接冲入火海并迅速找出灭火的办法，而不是见火就扑。

梅纳德说："我总是做那些别人避之唯恐不及的事情，因为我相信自己可以做好。"梅格非常相信梅纳德解决问题的能力，甚至在一位分析师的工作汇报中插入了一张幻灯片，上面写道："梅纳德·韦布来了，问题就走了。"

梅纳德的成功秘诀是什么？

梅纳德发现他的团队成员都更加关注如何扑灭眼前的火，而不是从根本上解决问题。在正式上任的第三天，他提出了一个看似简单的问题："我们将在什么时候步入撞墙期[①]？"

团队并不明白他的意思，于是他换了种方式问道："我们将在何时用尽现有的服务器容量？尽管我们可以通过添加

[①] 从运动学角度，撞墙期通常出现于第一次做长距离跑步，或者高强度运动之后出现的一段无力的时期，这时身体会认为这样的运动程度已经到达自我设定、无法继续负荷的极限。遇到撞墙期，人们会质疑自己再也撑不下去了，容易放弃，但是一旦撑过这个时期，身体就会再次恢复常态，此时运动起来不但健步如飞，还能让人觉得身心舒畅。——译者注

第 1 章 | 优先事项
从"为什么"开始,到"是什么"结束

冗余暂时恢复网站的高速运行,但作为一家快速发展的公司,在服务器容量真正用尽时又当如何?"

他的团队毫无头绪,在这之前也从未有人问过这个问题。他们向来只低头除草,不曾停下来抬头看路。即使目前网站能正常运行,eBay 的业务增长也会有超过服务器承载能力时。

过了三天,团队成员来到梅纳德的办公室并对他说:"网站还能维持三周"。"这不是我想要的答案!"梅纳德对此很不满意。

他做了什么?

梅纳德说:"为简单起见,我将任务归纳为四个优先事项。第一,我们要解决服务器容量问题,防止网站瘫痪。第二,我们需要扩大规模。保持现有状态是不够的,我们要与公司一起成长。第三,创新。这可能与传统做法不太一样,但我们必须走在前头。如果我们能让公司服务器的速率变成一般服务器速率的四倍,那么我们就能实现利润翻番。第四,节省开支。这样就可以在产品研发上投入更多。"

听起来好像他只关注四个优先事项。

没错,但他所专注的这四个优先事项对当时的 eBay 来说至关重要，同时他也向团队做了清楚的解释。

梅纳德所做之事看似简单，但他却是发现和解决这些问题的第一人。团队只顾着低头扑灭矮树丛中的火，很可能会因此失去整片森林。通过提出正确的问题，并由此设定正确的优先事项，梅纳德帮助 eBay 重新走上了发展的轨道。后来的事情大家都了解了。

要是我的团队一时不能集中精力怎么办？

你可以试试克莱尔·班尼特（Claire Bennett）的做法。

克莱尔在美国运通公司[①]利润下降、士气低落的情况下担任其旅游业务主管。当她了解了公司的运营情况后，她便清楚地发现了当中的问题：公司里各个业务部门都是各自为战。这些"业务孤岛"造成了公司在优先事项上的混乱局面，以至于过去那些享受美国运通公司人性化服务的顾客如今甚至觉得自己是迫于压力而进行消费，这让他们非常恼火。

克莱尔将她的团队成员聚在一起，把大家能想到的优先事项都列在白板上。总共列了 20 多项，其中包括一些关于旅游产品的优先事项，问题是这些产品只有 5% 的客户会使用。

---

①美国运通公司（American Express），世界最大的旅游服务和综合性财务、金融投资及信息处理的环球公司。——译者注

第1章 | 优先事项
从"为什么"开始,到"是什么"结束

"我们为什么要把精力放在大多数客户不感兴趣的业务上?"克莱尔问道。除利润因素外,没有人可以给出其他解释。

于是,克莱尔从列表中删除了这项内容。

通过逐项提问与相互PK,克莱尔最终筛选出了以客户体验为中心的五项内容。其中一个优先事项是推行简单交易网络化,如推行网上订机票,那么业务代表就可以专注于更复杂、需要人为辅助的旅游业务。另一个优先事项是为那些进行套餐旅游的客户提供更多帮助,如住宿预订等。克莱尔问道:"对于旅游顾问来说,预订机票与预订非洲梦想之旅哪个更有趣些?"

克莱尔还特别强调,这五个优先事项是每周例会要讨论的唯一内容。即便如此,她手下的一些管理者还是经常找她讨论这五个核心内容之外的事情,但克莱尔却不改初衷。"如果你做的工作不在优先事项之列,请给我一个你这样做的理由。如果与我们设定的五个优先事项无关,或者你无法证明它能为客户带来最佳利益,那么我们就没有必要再做下去。"

这样做有效果吗?

当然。美国运通公司的用户推荐率由40%上升至70%,团队服务的客户满意度达到整个公司的最高水平,利润也增

长了 10 倍。更重要的是，克莱尔恢复了美国运通公司在旅游服务领域的明星地位，将旅游业务打造为公司的形象品牌。

如何找出最关键的优先事项？

团队该于何时设定优先事项？

你可以像梅纳德和克莱尔一样，在工作之初就设定优先事项；也可以像亚伦一样，面对危机再重新设定；又或者像拉里萨一样，观察市场，伺机而动，据此调整优先事项。

关于设定团队优先事项，还有其他方法吗？

方法有很多种。

克里斯汀·罗素（Kristin Russell）本是一位信息技术领域的知名高管，后来负责科罗拉多州政府的 IT 运行。很多用户都会使用由她管理的诸多系统，克里斯汀通过与这些用户进行交流设定优先事项。

"我的方法很简单，"克里斯汀说，"重点就在人本身。就像刘易斯·卡罗尔[①]所说，'如果你不知道自己要去哪，那么你

[①]刘易斯·卡罗尔（Lewis Carroll），英国数学家、逻辑学家、作家、牧师、摄影师。童话《爱丽丝漫游奇境》的作者。——译者注

第1章 优先事项
从"为什么"开始，到"是什么"结束

就会走上任何一条道路。'我要知道我们正走在哪条路上，唯一的办法就是和用户交谈。一旦有了答案，我便知道要把团队力量集中在何处。我们花6个月时间设定了5个最重要的优先事项，其中包括将IT系统的数量从14个减少到1个，这样一来，所有政府部门就都能实现网络互联和自动办公了。"

的确，如果杰夫想要更新驾照，按照过去的流程，他需要开车2小时到车辆管理局然后排队办理，而现在所有手续只需2分24秒就能办完。

同用户进行交流，再与团队并肩作战的方式听起来是很不错，可在实际工作中该如何操作？

试着更多地深入工作一线。吉姆·唐纳德（Jim Donald）在成为延时居住酒店集团[②]的CEO之前就是这样做的，因为他想要找到某个问题的关键。在他担任CEO之前，他拜访了40家酒店。这些调研工作为他设定自己的优先事项提供了新的视角。

领导力经典著作《真北》的作者比尔·乔治（Bill George

[②]延时居住酒店集团（Extended Stay Hotels），配备家庭式生活设施，主要为中长期客人提供住宿服务的酒店。这种酒店与中国很多城市出现的酒店式公寓在设施和产品概念上极为类似，但是更加强调高品质的酒店服务和管理，以及酒店品牌的系统营销。——译者注

同样如此。他是哈佛商学院的管理学教授，自 2004 年起一直教授领导艺术。他同时也是美敦力公司前董事长兼 CEO。"你必须成为一位敬业的领导者，全心服务客户并时刻关注细节。你要深入市场，了解分销过程，甚至要在早上与医生同时出现在贸易展览会上。这不是微观管理，而是为了了解客户。我就是通过这样的方式在欧洲、美国和非洲了解到了 700 种不同的工作流程。"

我需要到工作一线寻找什么？

把注意力集中在客户身上，你将由此找出最关键的优先事项。

几年前，摩托罗拉（Motorola）委派尤尔根·史塔克[①]（Juergen Stark）到日本开拓刀锋手机（Razr phone）市场。尤尔根一到日本便与当地分公司的管理团队进行了一天的交谈，他发现该款手机的功能甚至不足以满足当地客户 10 个最关注的优先需求中的任何一个。

尤尔根这样对他的新团队说："你们为何会对这款手机 50% 的退货率感到惊讶？目前最重要的不是纠结其中的技术细节，而是了解客户的真正需求，否则无论我们再怎么努力

[①] 前欧洲央行首席经济学家。——译者注

第1章 | 优先事项
从"为什么"开始,到"是什么"结束

营销,它都不可能成为畅销品。"更糟糕的是,增加手机功能将直接导致成本升高。

尤尔根将原本为"如何在日本销售手机"的优先事项转变为"如何尽快关闭这项业务"。"就算在结束之际,你也必须关注消费者的需求,也就是他们的购买倾向。其他事情都可暂且放到一边。事实上,包括你的供应链、经销商、买家、销售团队在内的每一个人都可能对你的策略表示赞同,并为你提供帮助。但如果你的产品无人消费,而你也不了解消费者的真正需求,那么一切都是徒劳的。"

如果我发现自己的优先事项是错误的,那该怎么办?

这样的事情经常发生。我们认识一位商界领袖,他在自己事业的巅峰时期勇敢地改变了自己的优先事项。

经过几十年的打拼,他成功打造出一家大型知名企业。后来这位企业家决定不再担任CEO,但继续留任董事会主席。然而,渐渐地,他开始感到无聊甚至压抑。公司对他来说就像是一只锚,把他紧紧地拴在港湾里。他无法驶入自己向往的职业生涯的下一站。不幸的是,他的婚姻也在此时宣告破裂。他受到事业和生活上的双重打击。如果这位企业家并未重新审视自己的优先事项,那么他可能还在董事会主席的位

子上无聊着、压抑着、挣扎着,那么他也无法摆脱这样的束缚,继续前行,进入职业生涯和个人生活的下一阶段。

然而他醒了过来。"不离开抛锚的港口,你就无法发现自己想要的是什么。"他大胆的行动令众人感到吃惊,他决定向自己一手创办的公司董事会提出辞职。他的思想终于解放了,他再也不用事先安排日程了。他投身慈善事业,完成了一些极具创意,又能为千万人带来快乐的项目。他继续前进,最终找到自己生命中的真爱。

婚礼现场,当礼花在空中绽放,绚丽的焰火照亮了他和他的新伴侣,以及他的家人和朋友时,这位一贯面带紧张和专注神情的企业家此时看起来轻松平和。几年后,他在一份报告中表示自己现在依然如此。勇敢而理性地改变自己的优先事项,可以让人生也发生奇妙的改变。

我终于搞清楚了什么是优先事项。它们始于"为什么",终于"是什么",需要与使命紧密关联。而同时,我们在设定优先事项时还要保证它们的正确和明确。那么,我的团队又该如何给自己的优先事项打分呢?

最简单的方法就是和大家一起讨论,在白板上列出你们的优先事项,然后按 1~10 的不同分值为它们依次打分。

第 1 章 | 优先事项
从"为什么"开始,到"是什么"结束

- 这些优先事项是否与我们的使命紧密关联?换言之,完成这些特定的优先事项有助于我们履行自己的使命吗?
- 它们的正确性如何?是否能够将其与我们的远大目标联系在一起?
- 它们的清晰度又如何?大家都能理解吗?
- 这样的数量合适吗?
- 我们是否能够持续关注?

为每一项打上分值后回头看看整张表,认真思考一下团队是否设定了正确的优先事项,然后打一个总分值。

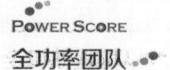

为你的团队优先事项打分

在 1～10 的评分区间里,你的 P = _____

分值	描述	在描述你的优先事项的复选框内打勾
1	我们根本没有思考过什么是我们的优先事项;我们有活就干,从不考虑是什么内容或为什么要这样做	☐
2	在优先事项这个问题上我们有过一点点思考,但我们并不确定它们是否正确;在优先事项的设定上我们还没有达成共识	☐
3	对于目标,我们仅有一种模糊的感觉,并不具体	☐
4	我们已经花时间设定了优先事项,但在其是否正确以及团队内部其他成员是否清楚这个问题上仍未得出结果	☐
5	我们有一般意义上的组织目标,但我们从未对此进行过讨论,不知道这些优先事项正确与否	☐
6	我们已设定了优先事项,但其数量太多(太少)了,我们所关注的点并不是最重要的	☐
7	可能有一部分成员知道我们的优先事项是什么,但不是每个人都清楚	☐
8	我们就优先事项这个问题展开了积极的讨论,我们相信团队已经走在了正确的发展轨道上,但我们还未把优先事项与每个人的工作连接起来	☐
9	我们已经确认了优先事项的正确性,现在正将它们与每个人的角色和目标进行连接	☐
10	我们已就优先事项进行了广泛的讨论、争论、认可和沟通。它们与我们的使命紧密关联,它们是实现我们远大目标的正确选择,我们对它们一清二楚	☐

CHAPTER 2

第❷章

用 人

让招聘准确率从 50% 提升至 90%

比尔·阿梅里奥带领联想从世界第五大个人电脑制造商一跃成为世界第一；传奇 CEO 吉姆·古德奈特 40 年未裁一人，打造了价值 30 亿美元的赛仕公司。当今商界领导者需要解决的头号难题，就是招聘失败。

第2章 | 用 人

让招聘准确率从 50% 提升至 90%

铁人三项中的自行车赛就要开始了吗？

是的。把身上的水擦干，上车吧！

用人的精髓是什么？

招聘合适的人才加入你的团队，将他们与正确的优先事项进行匹配。

这个很重要？

这是你能做的最重要的一件事。你的团队或组织中有什么样的成员，这在很大程度上决定了你的成败。《华尔街日报》在《聘谁》的书评中写道："招聘合适的人才，是商业运作中最重要的一环。"数据就能证明这一点。

大部分领导者的头号弱点在于无法开除庸才，而在另一方面，他们又很难招聘到 A 级选手。有趣的是，擅长开除庸才的领导者同时也都擅长招聘 A 级选手。好像领导者都是要么完全明白人才最重要，要么压根儿就没有这样的意识一样。

就像是把合适的乘客拉上车，并把他们安排到合适的座位上。这是吉姆·柯林斯（Jim Collins）的原话。

他是对的。在最近的 PWR 谈话中就有人指出："如果你的 W 项分值不高，那么你在 P 项或 R 项上也不可能得高分。你必须先有合适的人选，然后才能期望正确的优先事项，以及有助于实现目标的团队内部关系。"

到目前为止，最让我们的客户费心的是 W 项，即用人。曾有客户笑称："如果排除用人这一项，领导还是很好做的。"

我也想成为用人高手，需要做些什么？

为了在 W 项上得 10 分，你可以试着提出以下 3 个问题：

1. 我们是否对团队进行了诊断，明确它的优劣势？
2. 我们是否为正确的优先事项部署了合适的人才？

3. 团队正在稳步发展吗？

若要在 W 项上得高分，就必须做到以下几点：

- 诊断。
- 部署。
- 发展。

诊断：应用"技能－意愿"牛眼图

听起来挺简单，但用意何在？

五个字：用人很重要。

太多的领导者都习惯于首先考虑"是什么"问题。他们会在一开始进行微观管理，就流程、产品、定价及客户等做出决策。例如我们碰到过的一位工厂经理，他们工厂里的很多设备都出现了故障。他告诉我们，"我不得不花大量的时间处理这些事情。而事实证明，如果一开始我们选择了合适的人才，那么我们完全可以避免大多数类似问题的发生。"

选择合适的人才加入你的团队，并完成你的优先事项。问问自己："我有合适的人才吗？"

凡尔内·哈尼什（Verne Harnish）总能认识到用人的重要性。1983年，当凡尔内还是威奇托州立大学（Wichita State University）一名年轻的MBA学生时，他就与人共同创办了大学生创业者协会（Association of Collegiate Entrepreneurs）。当时的互联网应用还不像现在这样方便，凡尔内想要创建一份30岁以下企业家百人排行榜，但他无从下手。后来，他意识到一味地思考"怎么办"是无用的。他向团队提出了一个问题："我们即将踏上创业之路，而谁是这条路上的先行者？"因为这个问题的提出，大家开始将目光投向了未来学家约翰·奈斯比特（John Naisbitt），正是奈斯比特后来帮助凡尔内的团队创建了这个排行榜。

当凡尔内想要得到媒体的关注时，他提出了另一个问题："谁是营销方面最棒的人才？"人们由此想到了吉斯·麦肯纳（Regis McKenna），他曾帮助苹果、英特尔和基因泰克（Genentech）等公司进行早期营销。

凡尔内后来又创建了青年创业家协会（现更名为创业家协会，即EO[①]）和瞪羚公司（Gazelles），帮助中型企业实施

[①] 于1987年以YEO(青年创业家协会)为原型创立，是全球首屈一指的创业家协会。作为一家非营利性机构，EO目前拥有超过9500名会员。会员所在公司的总销售额超过5650亿美元。EO的使命是帮助更多领先创业家不断学习和成长，愿景是打造全球最有影响力的创业家社群。——译者注

他们的战略计划。他告诉世人:"作为一位领导者,真正要做的应是暂时放下自我,勇于承认自己不知道什么;然后找准关键点,并提出关于用人的问题。一旦找到这个问题的答案,便去请这个人来帮忙。"

我应该评估当前团队,再开始寻找合适人选。

这是一个很好的切入点。问问自己,你对团队有多大的信心?他们中有多少人是 A 级选手?他们能否完成你的优先事项?但有一点可以肯定,那就是团队的整体信心要大于等于 90%。

这似乎不太现实。

不,很现实。我们曾与一些领导者合作,他们的团队信心从 50% 提升到了 90%,同时执行力也得到了几乎同比例的提升。另外,团队成员大多都成长为 A 级选手。

不怕 A 级选手之间相互竞争吗?

如果你招来的是一群爱慕虚荣的员工,那么就会出现这样的情况,但他们并不是我们所定义的 A 级选手。关于 A 级选手我们是这样定义的:在给定的薪酬水平下,至少有 90%

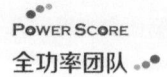

的可能排进团队的前 10%。

如果你需要大家作为一个团队来工作,就要把团队看成是工作的一个有机部分。在你的定义中,A 级选手看起来也应该是这样。如果他在团队中与他人竞争,那么这个人就不是一名 A 级选手。想知道这是怎么回事吗?

这样说来,A 级选手是相对具体工作的预期而言的。

是的。只有那些能在你的公司、你的团队以及你的领导下完成优先事项的员工,才是我们所定义的 A 级选手。某个岗位上或某个团队里的一名 A 级选手,放在另一岗位或另一团队也有可能成为 C 级选手。

如何界定?

列出优先事项并分配任务,然后就团队实现这些目标的可能性进行打分。如果分数低于 90,就意味着有些地方需要改进。

潘诺斯·阿纳斯塔斯亚迪斯(Panos Anastassiadis)是这方面的高手。作为网联安全公司(Cyveilance)的 CEO,他仅用了不到五年的时间就实现了公司市值 1500% 的增长。

潘诺斯与我们分享了他的用人之道,他告诉我们:"每个

第 2 章 用 人
让招聘准确率从 50% 提升至 90%

季度,我都会拿出一张白纸,根据我最重要的优先事项设计一幅组织结构图。

假设我要裁掉 50% 的员工,谁会留在我的团队里?重复这样的假设,把裁员比例增加到 70%、85% 甚至 95%,又将出现怎样的情况?这样一来,我很快就知道谁是团队的顶梁柱。那些出现在我所假设的 85% 可裁比例内的员工对公司来说也就变得可有可无了。一有机会,我就会提高标准。因此,我们公司的员工辞退率已高于 2%。"

这听起来有些过分。

的确。潘诺斯是我们创作《聘谁》时锁定的猎豹团成员之一,猎豹团是由一群性格刚毅、效率高且前瞻性强的 CEO 组成的团队。在人事问题上他们的标准极高,同时又能做到果断决绝,是世界上最成功的 CEO 群体之一。

为感谢潘诺斯接受我们为写作上一部书进行的采访,我们送给他一只猎豹玩具,他把它摆在办公室。"这只猎豹大有用处!"他说道,"它会时常提醒我,合适的人才对团队来说是多么重要,以及组建什么样的团队将直接决定我们能否取得成功。如今我完全遵循你们的指导,不断提高人员素质,力求打造一支精锐团队。"

还能用其他方法对团队进行诊断吗？

你可能已经察觉到团队的问题出在哪里了，但你也可以使用"技能－意愿"牛眼图[①]，这或许会对你有所帮助。

如何使用"技能－意愿"牛眼图？

很简单，你只需要思考两个问题。第一，是否每名团队成员都具备做好这项工作的技能，他们能完成优先事项吗？第二，是否每个人都有意愿做好这项工作？他们与你信奉相同的使命吗？在你的团队里能否得到激励？A级选手是既有技能又有意愿的人。他们处在"技能－意愿"牛眼图的中心。

如果我的员工具备技能却缺乏意愿怎么办？我是否应该将他留下，并想办法加以激励？

虽然我们明白你为什么坚持这样做，但我们不赞同这种做法。曾经与我们合作的几个客户一开始也都不愿意开除能力最强的销售员，因为他们认为损失无法弥补，可问题就在于这样的员工对组织来说是"有毒的"。

[①]执行A级招聘法所使用的辅助性图表。收集用于做决定的事实，看选手的技能（能做什么）和意愿（想做什么）跟计分卡是否相符，将其整理，得到"技能－意愿"档案。当这两方面跟计分卡上的要求完全吻合时，就形成了一幅"技能－意愿"牛眼图。——译者注

第 2 章 | 用 人
让招聘准确率从 50% 提升至 90%

最后，他们终于还是辞退了这些员工。在每一个案例中，那些留下来的团队成员事后都松了一口气，继而团结起来，共同填补销售缺口，公司也就不必因为裁员而遭受损失。

或者我可以给这个人重新分配工作？

可以，如果他愿意从事新的工作。考虑一下产生意愿分歧的原因是源于对公司使命不够认同，还是源于工作本身。如果只是工作内容的原因，就可以通过重新分配工作解决问题。否则，你就必须采取行动。

还记得美国运通公司旅游部的克莱尔·班尼特吗？她上任时团队共有 7 名成员，其中一部分人并不支持新设定的优先事项。她试着加以鼓励，但如果他们最后还是不能改变主意，她就只好请他们离开。克莱尔对我们说："团队中曾有人问我为什么在这件事情上花这么多时间，这确实是一次深刻的教训。我本想为他们创造机会，期待他们真心参与进来，但我发现他们并没有这样的意愿，我应该尽早请他们离开。"

如果这个人缺乏的不是意愿而是技能呢？应该将他留下吗？

这样的人无法完成你交给他的工作，充其量也只能算是一名 B 级选手。但如果你能把他安排在一个与其能力相匹

的岗位，他也有可能因此发展成为一名 A 级选手。

迈克·第安布罗斯（Mike D'Ambrose）初到阿彻丹尼尔斯米德兰公司（Archer Daniels Midland）任首席人力资源官时，他就发现了这一点。在这之前，他都会用一张传统的 3×3 表格评估员工的业绩与潜力。将表示业绩优、潜力大的员工表格贴在墙的右上方，而业绩差、潜力小的则被置于左下方。到新公司后，这项评估引发了迈克关于人才的新思考。

"我将一张巨幅的、边长 3 米的九格表挂在墙上，并在不同的格子内贴上不同的人名。我们的领导团队边移动格子间的人名边讨论，花了五个小时。另外，他们还给我讲了许多排名靠后的员工的故事，这让我对人力资源有了新的认识。我本以为他们想要开除这些员工，但事实却出乎我的意料。他们提出了这样一个问题：'我们怎么能让这些优秀员工干那些适合他们的工作呢？'于是我们又花了两个小时的时间，思考公司里的哪些岗位能使这些员工变成 A 级选手。"

也就是说，对团队进行诊断时，既要考虑技能，也要兼顾意愿，看它们是否与我的优先事项相匹配。但如果发现自己的团队中有一些 B 级或 C 级选手，该怎么办？

那么你就需要进行第二步：确保正确部署每名员工。

第 2 章 | 用 人
让招聘准确率从 50% 提升至 90%

部署：开除，调岗，招聘 A 级选手

这听起来像是一项军事行动，它涉及哪些方面？

在这里我们主要提到三个方面。第一，必须开除庸才；第二，要进行人员调整，让合适的人干合适的事；第三，招聘 A 级选手以充实团队。

让我们先从开除庸才开始。如果意识到自己在某个岗位上安排了不合适的人，你就必须采取行动。还记得我们前面提到的那些 PWR 分值排在前 1% 的领导者吗？在开除庸才方面，他们的行动力是常人的 6 倍，这也正是他们成功的关键。

比尔·阿梅里奥（Bill Amelio）初任联想公司（Lenovo）CEO 时，就面临着这样的情形。你可能还记得，就在 2005 年，联想公司收购了 IBM 的个人电脑业务和 ThinkPad 品牌。但比尔就职时，联想还只是一家巨亏公司，他决定改组团队。

比尔需要清除所有推高成本的影子产品。"我决定采用制作区域损益表的方法推动问责，以更好地控制利润。于是，我们开始关注区域损益表的各项指标，但后来我发现许多领导者都无法适应这次改革，甚至因此离职。发展到后来，领导团队的人员变动率上升到了 70%。IBM 是伟大的产品制造商，其管理层发展得也很坚实，但前提是领导者表现良好，

当领导者出现失误时，公司就需要花费大量的时间进行调整。联想公司需要的是积极进取、与时俱进、追求高效的员工。"

比尔开始采取行动，将那些无法适应新环境，同时既无工作技能又缺乏执行意愿的员工清理出局。这次行动成效显著，他组建的新领导团队让联想由原来的世界第五大个人电脑制造商一跃成为当时的世界第一。

可以只进行人员调配吗？就像一般意义上的部署那样。

当然。正如我们前面所说的，有时候你团队里的某些人才可能会被安排到不适合他们的岗位上。这种情况属于角色错配，就像演员扮演了不适合自己的角色，或田径运动员站错了跑道。你知道他们都是潜力股，你需要做的是将他们调配到合适的岗位，帮助他们取得成功。他们或许也曾在适合自己的岗位上工作过，但情况的不断变化也要求不同的技能组合。

吉姆·古德奈特（Jim Goodnight）是这方面的老手。他是全球最大的软件公司之一赛仕公司（SAS）的创始人兼CEO。作为一家市值30亿美元的巨型私人软件公司，赛仕的发展一直是个谜，在商界拥有传奇般的地位。他们开发的商务分析软件能帮助公司处理包括策划营销活动、优化供应链及管理

第 2 章 | 用　人
让招聘准确率从 50% 提升至 90%

风险等在内的各种事件。

吉姆招聘的都是智商极高的员工。他们能力超群、善于管理，同时又乐于与他人分享公司的价值观。吉姆在他们身上投入了很多，甚至愿意通过人员调配为他们提供第二次机会，帮助他们取得成功。

"产品就是我们的员工，"吉姆说，"当你与员工合作时，产品和员工是一个整体。你必须清楚什么样的团队适合什么样的项目。如果最先接手的团队无法完成任务，我就不得不进行调整，让其他领导者和团队接手。有时候重组能够产生催化作用，因为这样一来，员工们就能在最适合自己的岗位上放开手脚。去年，我们的研发部就与人力资源部通力合作，实现了员工的优势和目标与客户要求之间的优化匹配。"

吉姆还是将员工留在了自己的团队里，但会频繁地对他们进行调配，以助他们取得成功。

是的。让员工做适合自己的项目，这样他们就都是 A 级选手了。吉姆为自己的这种做法颇感自豪。虽然他需要时常改变某些员工的工作内容，但近 40 年来，他从未裁员。如今，赛仕公司的员工人数已经超过了 14 000。

我已经学会了如何开除庸才，以及如何进行人员调配，但你前面提到的招聘又该如何操作？

如果你的团队里不全是可以完成优先事项的 A 级选手，那么你必须重新招聘。

招聘好像很难，成功率是随机的吗？有 50% 吗？

你说的没错，招聘的平均成功率仅为 50%。有趣的是，至少有 69% 的全功率领导者都是招聘高手，他们在招聘方面的能力是普通领导者的 5 倍。这些人中很多都使用了我们在《聘谁》中介绍的方法，他们的招聘成功率可高达 90%（图 2.1）。

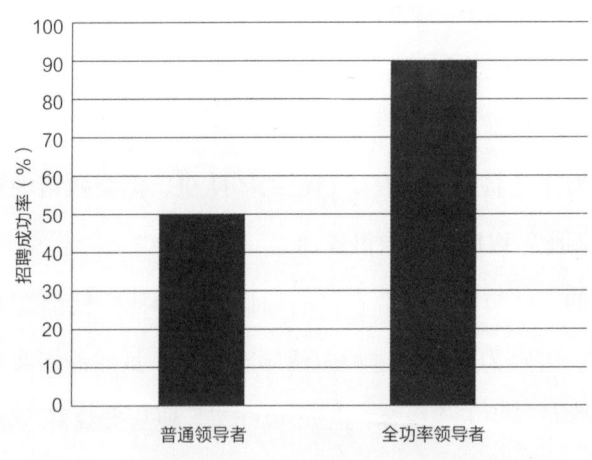

图 2.1　全功率领导者与普通领导者的招聘成功率对比

数据来源：斯玛特顾问公司专有数据库

第 2 章 | 用 人

让招聘准确率从 50% 提升至 90%

你说招聘成功率达到了 90%？

是的。你所需要做的就是使用《聘谁》中介绍的方法，避免"巫毒"招聘。

"巫毒"招聘是什么？

它是一种低效甚至无效的招聘方式。一般情况下，我们都会向求职者提出一些类似"如果你加入我们的团队，你将如何解决某个问题"的假设性问题。我们称之为"巫毒"招聘，也就是算命，这样的做法在招聘中并不起任何作用。

为什么不管用？

工业心理学领域的专家们经过半个世纪的研究得出了这样的结论：人们回答假设性问题时的描述与其在现实生活中的表现没有丝毫关系。假设我现在是你的面试官，我也对你提出了以下这个假设性问题。"团队合作对我们公司而言至关重要。那么，一旦与自己的队友产生矛盾，甚至发生冲突，你将如何解决？"

你要我对此作出回答吗？

是的。

为了化解冲突，我会先安排一个双方都方便的时间，好好谈一谈。我不会在背后说人家的坏话。

当然不会。

然后我会对他提出这样一个问题，"我们之间是不是存在什么误会？"耐心倾听后，我将在一个合理的时间框架内，用一种双赢的方式化解冲突。

你当然会这么做。

接下来，我就会……我明白了！当你向别人提出一个假设性问题时，你得到的也只会是一个假设性答案！

是的。所以说我们在招聘时，完全没有必要向求职者提出任何假设性问题，因为他们回答这些问题时的描述与其在现实生活中的表现没有丝毫关系。

还有其他有关"巫毒"招聘的例子吗？

另一种常见的情况是，一些面试官容易把自己当成艺术评论家，于是这些缺乏艺术领域专业知识的面试官就会像评论一件艺术品一样，对求职者做出草率判断。这样的面试官很可能会被某位求职者的魅力所吸引，而忽略更多的候选人。

第 2 章 | 用 人

让招聘准确率从 50% 提升至 90%

富有魅力总归是好的，不是吗？我也经常招聘一些富有魅力、性格外向的员工。

这个问题完全取决于工作性质，取决于你需要招聘的是哪方面的人才。看看下面这组数据，你就会发现，魅力型领导者不一定刚好都性格外向。

我们评估过性格内向者中，有 33% 的人最终成为了 A 级领导者，而性格外向者的这一比例占到了 44%。但就排名前 10% 的全功率领导者来说，两种性格的领导者的招聘成功率几乎持平（图 2.2）。一般来说，外向者在这方面会占有微弱优势，但这并不能说明哪种性格的人更适合当领导者。

外向者往往更擅长于面试，而内向者虽不善言辞，但在工作上的表现也同样出色。

还有其他类似的案例吗？

面试官在整个面试过程中一直说个不停的做法也是不值得提倡的。这些"话匣子"们不是陶醉于自己所讲的话，就是打算在面试真正开始前，忍不住去说服求职者参与讨论自己的话题。

领导者在招聘过程中常犯的另一个错误是，他们总想招聘一些能与自己一起"被困在飞机上"的人。

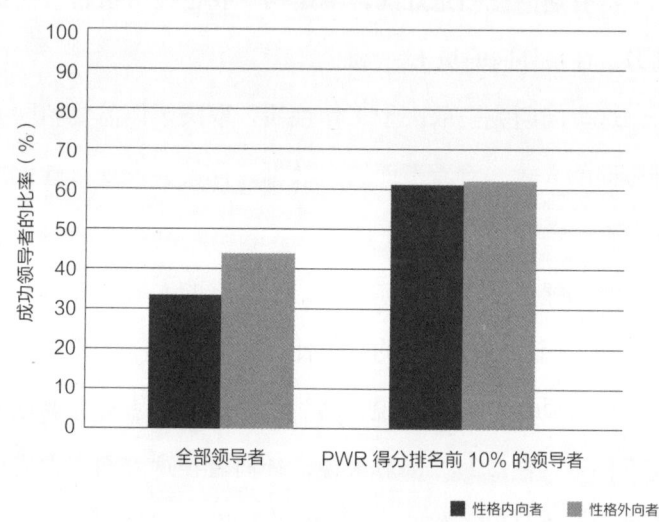

图 2.2 性格内向与外向的领导者的成功率

注:数据取自 3 052 名被评估人员
数据来源:斯玛特顾问公司专有数据库

也有一种说法是,应该只招聘那些能够与自己在停机坪上等 5 小时的人。

正因如此,很多面试官都太过重视自己对求职者的主观感受而忽略其他。人们都喜欢与自己有诸多共同点的人,这种观点非常片面,也严重偏离了招聘的初衷。在面试过程中,应该重点评估求职者的工作能力。我们相信,如果某个员工在工作上特别出色,那你自然会喜欢与他合作。

第 2 章 | 用　人

让招聘准确率从 50% 提升至 90%

在面试前应该设定怎样的招聘目标？

你的目标应是在最短的时间内以最少的资金投入招聘到 A 级选手。在斯玛特顾问公司，我们相信每名员工都是 A 级选手，但就具体的公司和工作性质而言，评估自己是否招聘到 A 级选手确实是个很大的挑战。如果他们能够在工作中达到你的预期，那么你就有 90% 的把握确定他们是 A 级选手。

整个招聘过程包括了哪些步骤？

共有四个步骤，分别是计分卡、物色、选拔和说服，它们能让你的招聘成功率达到 90%。

计分卡：优先事项和用人的衔接点

计分卡是 P 项（优先事项）和 W 项（用人）的衔接点。设定优先事项之后，应该确定如何向团队中的每名员工分配任务。如果大家都能实现计分卡上的目标，那么这个团队也就完成了所有的优先事项。

这听起来很像优先事项中的"是什么"。

事实上，计分卡同样包括了"为什么""是什么""怎么办",只不过这一次是在个人工作层面上进行分解。

针对公司每名员工的工作,计分卡需要解答以下三个问题:

1. 这个岗位的任务是什么?(这是"为什么"问题,比如,为什么这项工作很重要?)
2. 什么样的业绩表现(5~7项)可以说明,该岗位上的员工在工作表现上达到了 A 级水平?(这是"是什么"问题,比如,这个岗位上的员工必须完成什么样的目标?)想想我们关于优先事项的对话,达成的目标必须是能用美元、百分比或数字来衡量的具体结果。
3. 为了完成这些目标,这个岗位上的员工需要具备哪些重要的工作技能?(这是"怎么办"问题,比如,这个人该如何表现?)指出那些可定义为成功的技能和行为,例如说服、坚持、细节导向、组织能力等。

我应该在什么时候开始填写计分卡?

你现在就可以为自己的团队填写计分卡,之后要在每年的同一时段,或重新设定优先事项时进行更新。如果你需要

第 2 章 | 用 人
让招聘准确率从 50% 提升至 90%

招聘新人,请在开始面试前填写计分卡。这样一来,你就不容易对求职者产生主观片面的判断。完成这项工作后,你就可以进行下一步了。

物色:在人际圈中寻求推荐

物色的过程就是不断招揽选手的过程。你可以选择像大多数人一样,把这项工作委托给招聘专员;也可以在人际圈中寻求推荐。老实说,第二种方法更好一些。

在你的人际圈中选出 10 位你认为能够为你提供最佳推荐的朋友,然后给他们打电话。你可以向他们提出一个问题:"你认识的人当中,有没有适合到我公司上班的人?"当然,你还要告诉他们这份工作的相关要求,这样他们才能针对问题给出建议。你也可以采用发放奖金的方式鼓励成功推荐新人的内部员工,提高他们对招聘工作的参与度和积极性。

有没有更简单高效的物色方法呢?

很遗憾,这样的方法并不存在。我们曾就如何物色人才的问题采访了许多经验丰富的领导者,这当中就有 77% 的人把征询推荐看成是寻找合适人选的最佳路径。你要把自己当成公司的首席招聘官,督促自己坚持做这些事情。

克里斯汀·罗素是科罗拉多州政府的首席技术官,但她却称自己是首席招聘官。事实上,她在进入科罗拉多州政府工作之前,就已经在甲骨文公司(Oracle)和太阳微系统公司(Sun Microsystems)取得了不错的成绩。每当团队需要招聘新生力量时,她就会走出去,到她构建多年的职业圈子中寻求帮助。

克里斯汀对我们说:"那个时候我每天的工作就是出去见人,我希望尽量为他们提供帮助。我想知道他们在做什么,他们热衷于什么,以及如何与他们结伴同行。也许我们将在未来的某段路上分道扬镳,但在我职业生涯的每一个阶段,都能有这样一个关系网可以依靠,这对我来说是非常重要的。也正因如此,我才能招聘到一些能力超凡的人才。"

这样一来,她所有的朋友,甚至所有朋友的朋友都有可能成为她的候选人。

完全正确。

那么下一步该进入选拔环节了吧?

没错,这是最难的一个环节。

第 2 章 | 用 人
让招聘准确率从 50% 提升至 90%

选拔：A 级招聘法

最难？为什么？

因为真正的面试需要领导者掌握更多的专业知识。但你只要按照我们的方法进行 4 场环环相扣的面试，你的招聘成功率就能达到 90%。

我可听说面试不怎么管用。

一般的面试确实不管用。一组随机问题的答案所传达的信息对你来说可能不具备任何价值。这就好比在轻松氛围下倾听朋友分享自己对于成败的感受可能挺有意思，但当你需要做重要决定时，你接收到的这些信息却起不了任何作用。

第一次与求职者见面或通话时，我应该问些什么呢？

我们一般称这样的初次接触为筛选型面试，这时候你只需要向他们提出以下四大核心问题。

1. 你的职业目标是什么？
2. 你有何职业专长？请举出几个例子。
3. 在职业选择方面，你有什么不擅长或者不感兴趣的

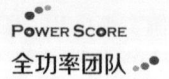

地方吗？请举出几个例子。

4. 请列举你过去的 5 位老板。如果按 1~10 分来打分，当我们与他们交谈时，你觉得他们分别会给你打多少分？

为什么要从职业目标问起？

这又回到了他们真正想要什么这个问题上。如果他们的目标与你的岗位需求有所出入，他们便无法在这份工作中得到满足。也就是说，就你们的"技能－意愿"牛眼图来看，意愿这一项并不匹配。

eBay 前首席技术官梅纳德·韦布就是这方面的高手。他发现约束急于求成的员工比激励毫无工作激情的员工要容易得多，所以当提到要扩大 eBay 的规模时，他曾这样描述："我知道我将面临一场硬仗，但这个团队能与我并肩战斗吗？我可能每天都非常忙，如果在这样的情况下我还要为某些工作效率极低的团队成员打气，那我宁愿当那个紧急'踩刹车'的人：让急于求成的人放慢工作进度。要是他们仍然忍不住想要多干些活，那我也很高兴。"

因此，你应该找的是那些能够自觉传递你使命的人。

完成提问后，就求职者的优势和潜质，与这个岗位的要求进行匹配。如匹配结果表明他们并不完全适合这个岗位就予以淘汰。但如果你在这其中发现某个求职者有胜任这个岗位的潜质，同时又对此非常上心，也可选择对其做进一步的观察。

接下来要做什么？

接下来要进行招聘中的重头戏——升级面试。

于本质上来说，升级面试其实是一场结构化的面谈，它将为你提供了解他人职业生涯的机会。只有顺利从这些面试者的职业故事中获取大量信息，你的面试才算成功。

一开始，你可以先了解一下他们的教育背景。让他们分别用5分钟时间讲讲自己在高中、大学和研究生这三个阶段中有什么样的成就，以及遇到过哪些困难。接着，再按时间顺序了解一下求职者从事过的每一份工作，你可以分别用20～30分钟请对方回答以下问题：

1. 你在那个岗位上主要负责哪些工作？
2. 工作中最令你感到骄傲的是什么？
3. 曾遇到过什么样的困难？
4. 具体说说你都曾跟哪些人共事过？

a. 有关老板：你的老板叫什么名字？跟他（她）一起工作感觉如何？你觉得自己在他（她）眼中，最大优势是什么？最大的缺陷又是什么？

b. 有关团队：如果按 A、B、C 三个级别来评估，你会给曾经所在的那个团队评几级？你为这个团队立过功吗？你招过新人吗？你炒过别人的鱿鱼吗？

5. 你为什么辞职？

你可以要求他们在故事讲述中尽可能多地举例，也可以通过后续提问让他们说得更具体些。提问时最好采用"什么"或"如何"等疑问词，让问题显得简短而亲切。例如"你做了些什么？结果如何？你又是如何办到的？"

将他们从事过的每份工作都这样过一遍之后，你还要对他们提出最后一个问题："你的职业目标是什么？"你也许早就知道他们的答案，这样做只是为了再次确认他们的想法。

我应该在他们的故事中找出哪些信息点？

你要找出他们的成败模式。想想他们都取得了什么样的成就？是怎样做到的？哪些地方做得不够好？原因是什么？在与他人合作方面表现如何？

第 2 章 | 用 人

让招聘准确率从 50% 提升至 90%

我不太理解你所说的这些，能举个例子吗？

当然可以，我将为你讲述一个真实的故事。一名求职者想要应聘斯玛特顾问公司的 CEO 一职，当时公司正想开发其他地区的市场。

面试伊始，我们还是先让他分享自己在高中时期的成就，以及遇到过的困难，这时候他提到了送报路线。通常情况下，我们都不会在这个问题上花太多时间，但这一次不同，我们总觉得这里面有更多的故事，于是就此展开。下面就是当时的情景。

> 斯玛特顾问公司（后用"S"表示）："再详细说说送报路线的事。"
>
> 求职者（后用"Q"表示）："在我只有 15 岁的时候，我创建了密歇根覆盖面最大的送报路线。"
>
> S："你是怎么做到的？"
>
> Q："经过对自己所在城市每个小区的收益能力进行预估及分析，我发现为一些巨型公寓楼送报也许能够实现最大盈利。于是我就去找给这一地区送报纸的那个男孩。"
>
> S："你找他做什么？"

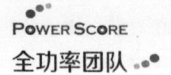

Q:"我花200美元买断了他手上的送报路线。"

S:"后来呢?"

Q:"我开始雇人送报,并计算还可以买来哪些送报路线;之后转而关注客户需求,研究如何通过报纸的交叉销售获取更大的利润。某个夏天,我去度假了。而令人欣慰的是,在这三周时间里,我的团队为客户送去了成千上万份报纸,中间没有出现任何失误。"

了不起的成就!

是的,而且他的故事越讲越精彩。当谈到在第一份工作中最让他自豪的事情时,他向我们描述了自己当初如何以绝对优势成为一名顶级销售员。接着是第二份工作,第三份工作……就这样一个接一个地谈下去,最后他告诉我们,自己是如何在每份工作中扩大销售的。虽身处不同的行业,但他取得成功的方法却是一样的。青少年时期管理送报路线的经历,为他后来的成功确定了一套非常明确的模式。

这就是你要找到的东西——成败模式。是什么帮助人们取得成功?又是什么导致了他们的失败?只要找到其中的成败模式,你就能够预测它们将会为你提供怎样的帮助。

第 2 章 | 用 人
让招聘准确率从 50% 提升至 90%

听起来似乎很简单。

没错,非常简单但十分强大。在本章后段,会再多给你一些"忍者"战术,让你执行起来游刃有余。

其他面试官呢?面试时他们又该向求职者提出哪些问题?

你需要把前面讲到的计分卡分成几个部分,分发给其他面试官并告诉他们:"我需要你们就计分卡上的这部分内容对该求职者进行面试。这是你需要详细了解的关键点。此轮面试的重点在于考查一项或多项主要成就或技能要求。"

下面是其他面试官面试时的题目参考:

1. 职业生涯中,你在这方面的最大成就是什么?
2. 最大的失误又是什么?
3. 从中得到了怎样的教训?

面试结束后,一定要仔细对比各位面试官所收集到的全部信息,并在此基础上对计分卡中的信息进行评级。

那么在咨询证明人方面该怎么做?

首先,要求求职者把你介绍给他的证明人,这样做是为了提高你与证明人对话的成功率，否则你有可能不被理会。然后就以下几个问题向证明人进行咨询：

1. 你们是在什么样的情况下开始共事的？
2. 他的强项表现在哪些方面？
3. 他最大的缺点是什么？
4. 你怎样评价他在那个岗位上的总体表现？请按 1～10 为他打分。
5. 他曾提到自己在做这份工作时，遇到的困难是什么？能否请你详细讲讲这件事情？

如果求职者自己早有安排，那么证明人提供的信息可信度也就降低了吧？

也有这种可能，但根据斯玛特公司以及我们采访的企业的以往经验来看，遵循以上方法确实能从大多数证明人那里得到有用的信息。

另外，提出第三个问题时在前面加上"当时"，可以让证明人放心大胆地谈论求职者过去的表现。直接告诉证明人求职者认为自己在过去工作中遇到了哪些困难，能够有效唤起证明人的相关回忆。

第 2 章 | 用 人

让招聘准确率从 50% 提升至 90%

我们该如何决定最终聘用谁?

以考察选手的几次面试结果为基础,在计分卡上根据每位求职者的业务成就和工作能力按 A、B、C 三级对其进行评估,分别表示你有 90%、50% 或 25% 的信心认为该求职者能够胜任这份工作。也就是说,如果某名求职者的平均等级为"A"或"A$^-$",那么他就是你想要招聘的那个人。

这样做真的有效吗?

当然。事实上应公司的要求,我们的客户定期都会就这种招聘方法的效果向我们提供反馈。他们对其进展进行跟踪之后发现,招聘成功率的确从原来的 50% 提高到了 90%。

但怎么才能让我最终选中的求职者来上班呢?

这是招聘的第四步,也是最后一步,我们称之为说服。万里长征都走过来了,千万不要忽视这一步。

说服:五条法则与五项战术

我们创作《聘谁》时采访了 100 多位成功的领导者,询问他们如何让自己选定的求职者接受这份工作,并将他们的回答分为五大类，也就是成功说服的五大法则：

1. 匹配。这意味着公司的愿景、需求和文化能与求职者的目标、优势及价值观保持一致。"我们公司目前的状况就是这样，与你的情况非常匹配。"
2. 家庭。求职者需要考虑换工作给家庭成员造成的广泛影响。"我们将帮助你降低换工作对家人的影响。"
3. 自由。表示对方加入后可享受决策自由。"我们会给你一定程度上的决策自由，绝不事事插手。"
4. 财富。反映公司的稳定性，以及整体的盈利优势。"如果你能实现目标，将会得到这么多钱。"
5. 乐趣。描述公司的工作环境和人际关系。"我们都非常享受这样轻松快乐的工作氛围，你肯定会爱上它。"

其实整轮招聘面试下来，你应该早就知道这些求职者最看重的是什么。这其中很可能包括以上五大法则中的一项或多项，所以请同时考虑这些因素，制定好收尾方案。

成功招聘的四大关键词即计分卡、物色、选拔和说服。
是的，你懂了。

第 2 章 | 用　人
让招聘准确率从 50% 提升至 90%

对了，你刚刚好像还提到了忍者战术。

没错。作为附加奖励，我们为你准备了最棒的忍者战术，可以帮你提高识人眼力，招聘到最合适的人才。

附加奖励：面试中的忍者战术

战术 1：表现出强烈的好奇心

你应该尽量在言语中表现出自己强烈的好奇心。

新面试官往往过于拘谨。他们眉头紧锁，表现得很专业，好像在告诉对方"我是老板，你是我的猎物"，而有些面试官又太过随意。以上两类面试官都会让求职者敬而远之。

事实上，求职者是希望被面试官了解的。只要你对他们表现出足够的好奇心，他们就会告诉你更多有价值的真实信息。有了这些信息，你就有更大的把握确定他们是否适合这份工作。

表现好奇的最简单方法就是提出一系列包含"什么""如何"等疑问词的后续问题。例如"你做了些什么？""进展如何？""结果怎么样？""感觉怎么样？"如果你在提问时自己卡壳了，只需要说"请你再讲得详细一些"，求职者就会不断分享有用的细节。

战术2：了解整件事情的来龙去脉

注意听清楚他们为何离职，是被辞退还是主动辞职。

如果他们总被辞退，这恐怕不太好。要是他们因为有了更好的机会主动辞职（比如被客户挖走，或前任老板突然想重新予以重用等），情况就好多了。

在这个问题上，你需要再次运用以上介绍的面试技巧深入了解他们的情况，以及整件事情的来龙去脉。这就好比开采黄金，止于泥浆层和岩石层是不会有任何收获的，继续深挖才有机会发现金子。遗憾的是，一般的面试官都会止于了解故事表面，而不去深挖真相。

能举个例子吗？

没问题，不过这个案例需要你自己做出判断。这名求职者曾经是一位财务总监，他真是个很不错的家伙，有良好的教育背景，也有很多很好的工作机会。但是他在任职财务总监期间的表现却一直不尽如人意。当我们问起他为什么离职时，他说是因为"调岗"问题。

换句话说，就是被辞退了？

没错。不过当对方给了你这样模棱两可的答案时，一定要提出后续问题。后来我们问他:"重新调配到什么岗位了?"

"重新调配到……嗯……(咽口水)……嗯……西伯利亚。"

这一定只是个比喻吧!

不,在这个案例中,它所代表的就是其字面意思——西伯利亚!他的老板不想直接辞退他,于是把这个家伙调到西伯利亚,希望他能接受暗示主动退出。

他真去了西伯利亚?

是的,而且在那里待了两年,不过在那里他又失败了。

真令人难以置信,作为求职者的他竟然会告诉你这些。

如果你按照这样的方法进行面试,求职者会主动告诉你更多的真相。只有真正了解这些信息,你才能实现人与岗位的最优匹配,为公司和个人创造最大利益。

战术3:积极倾听

面试官在面议过程中最糟糕的表现就是一直说个不停。相反,你应该鼓励求职者主动发言,并积极倾听他们所传达的信息。信不信由你,最好的方式其实是对他们的话进行精

准重复。但你要记住,在忍者战术中,最高形式的倾听是要表达出对他们弦外之音的理解。

我不太理解这是什么意思。

如果求职者告诉你,他曾被派往一个新城市去开拓当地的汽车销售市场,而他当时并没有任何开拓市场的相关经验,更重要的是,在这一过程中,总部未曾给过他任何支持,那么与其重复他所说的这些话,倒不如向他表示理解:"所以你当初完全要靠自己打拼。"一旦他认同你的理解,你们之间就会产生情感共鸣,你也就有机会从他那里听到完整的故事,并了解全部的真相。

战术 4:让求职者透露负面信息

求职者所透露的负面信息的作用有时甚至大于正面信息。

对,我受不了求职者总是没完没了地罗列自己的优点,可问到有什么缺点时,要么沉默,要么就装糊涂。

你可以尝试通过以下问题,逐步得到你想要的信息:

1. 工作中有哪些不顺心的地方吗?

2. 犯过的错误中有没有发挥积极作用的?

3. 最难忘的教训都有哪些?

4. 工作中最不愿意做什么?

5. 如果有机会重新来过,你会有所改变吗?

战术 5:背景调查威胁

"背景调查威胁"这个短语是杰夫的父亲布拉德发明的。与其直接提问求职者自身存在哪些缺点,不如先设定一个特别的情境,并从情境对话中获取你想要的信息。

首先你可以向对方提出:"最近这段时间,我们希望你能协助安排我们与你的证明人谈一谈,好吗?"求职者一般都会同意。接下来,你就可以继续发问:"当我们向证明人咨询你的优缺点时,你觉得他会告诉我们哪些信息?"因为求职者知道你会打这个电话,觉得瞒也瞒不住,所以他们很可能会老实地说出自己的大部分缺点。

最后,当你真的咨询证明人时,也向他们提出战术 4 中的 5 个问题。如果证明人表示自己想不出求职者有任何缺点,你就可以提供一些当时求职者猜想证明人可能会说的事情,打开对方的话匣子。或者对证明人说:"你只给他打了 8 分。假设他当时的表现能达到 10 分,你会要求他怎么做?"

这似乎是一项大工程。

的确如此。但你要想想,如果招来的新人在工作上屡屡犯错,你该怎么收拾烂摊子?招聘失误将同时对你的团队以及当事人本身造成多大的伤害?

所以最好在开始时就多花心思,保证招来最合适的人。

蒂姆·马奎斯(Tim Marquez)就是一个很好的例子。他白手起家,创造了伟大的商业奇迹,并且将自己的成功归因于正确地用人。

蒂姆在一个低收入家庭中长大,但他并不认为这有什么不好。事实上,他曾告诉我们,他的童年很快乐。家人之间相亲相爱,而且在拥挤的小区里,他有很多非常关心他的朋友。这一切的幸福促使少年时期的蒂姆找到了他的人生目标,那就是用自己的才能取得事业上的成功,以此回报社会。

中学时蒂姆上了丹佛西南部的一所公立学校,该校的毕业率大概只有50%。他在学校里从未听到有人提过"大学"这个词,大家对上大学的期望都非常低。但在父母的鼓励下,蒂姆努力学习,让自己有机会继续接受教育。蒂姆笑称:"我的父母在任何事情上都不会轻易放过我的。"

开始时,蒂姆在一家石油和天然气公司工作,在那里他

第 2 章 | 用 人
让招聘准确率从 50% 提升至 90%

看到了招聘和留住核心人才的重要性,也领悟到经营公司时该做什么,不该做什么。

蒂姆说:"优尼科石油公司(Unocal Corporation)的人曾经说过:'人是最重要的资产。'但只是口头说说没有任何意义。每当有优秀的人才离开,公司就会变差一点。我讨厌在这样冷漠的、没有目标的环境中工作,因此我决定创建自己的公司。这与赚钱无关,我只是喜欢用正确的方法做事情。这些方法包括做好招聘、善待员工、不走捷径、做大家普遍认同的事情。"

蒂姆将自己的公司命名为凡诺科(Venoco)。他以 3000 美元起家,当时员工只有他一人。通过对大量油田的分析,他将精力投入到那些最有前景的油田上。当公司的石油日产量达到 1000 桶时,他终于有资源允许自己招聘一些关键员工了。为了满足最重要的业务需求,他招来了一名并购经理进行资源识别,一名工程师兼地质学家从事钻井等技术工作,还有一名现场经理负责经营租赁业务。蒂姆从未忘记自己的承诺:做好招聘和善待员工。这构成了他领导力的核心。

在接下来的几年内,蒂姆取得了成功,公司员工从 1 人增加到 450 人,市值也从 0 美元增长到 10 亿美元以上。

蒂姆说:"我不再事事亲力亲为。我要求他们不但要把事

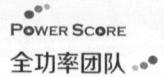

情搞清楚，还要给出自己的建议。当然，如果一位工程师的建议过于保守，而另一位的又太过乐观，那我必须做出调整。10位工程师可能会给出10种不同的预测，我的工作就是对他们的建议进行判断并综合分配资源。如果说成功有捷径，那就是招聘优秀员工并善待他们，就这么简单。"

他在回报社会方面做得怎么样？拿了钱就走人吗？

得益于这些优秀人才的支持，蒂姆创建了一家非常成功的公司。在这一过程中，他并没有放弃个人对教育的追求。他和妻子伯纳黛特（Bernadette）设立了丹佛奖学金，为丹佛地区最贫穷的学校提供支持。这对夫妇已经为他曾经就读的学校提供了5000万美元的财务支持。

蒂姆是这样解释的："像丹佛这样的大城市，毕业率如此之低是因为孩子们上不起大学，如果他们不上大学，那么高中毕业与否对他们来说又有什么意义呢？正是基于这样的逻辑，我们开始为孩子们提供奖学金，让他们有机会上大学。这个奖学金项目后来逐渐发展为到校园内建设未来中心 (Future Center)。在做这些项目时，我们运用的还是原来的商业模式，即招聘优秀领导团队来做好三件事：告诉孩子们大家都能上大学，为他们提供大学申请辅导，帮助他们申请奖学金和佩尔助学金[①]。"今天,丹佛的高中毕业率和大学入学率都在上升,获得丹佛奖学金的在校生接近 3000 人,这一切都要感谢蒂姆夫妇。

回想自己白手起家的故事,蒂姆告诉我们:"大家都知道钱是好东西,但重要的是你用它做什么。我没有捐出太多钱,因为我正想着如何更好地发挥它的作用。能帮到别人,我感觉很幸福。这些受到帮助的孩子原来要么无家可归,要么只能住在车里。他们都是那么乖巧的孩子,都需要关心,需要有人照顾他们的生活。"

"用人"有乘数效应,它已经超越了工作的界限。

你明白了。

发展:通过实践与指导进行有效学习

一旦我们招到了人,用人这一项是不是就已经完成了?

不,你还要进行引导,要将其引到正确的轨道上。如果

[①] 美国联邦助学金中最常见的三类联邦助学金(Federal Student Aid)之一,是对于在合格的高等院校注册上学的学生支付学校开销方面提供的财务支援,是无需偿还的助学金。——译者注

你不引导他们，不帮助他们安顿下来，不让他们熟悉最新情况，就算是优秀的新人也会失败。

我们建议你遵循下面这个 PWR 框架：

- （P）优先事项：**讨论计分卡**。在工作第一天进行一次长达 90 分钟的谈话，向他们简要说明你为什么会选择他们，如何根据计分卡设定团队的核心优先事项。这将帮助你们达成共识。

- （W）用人：**第一天就制订发展计划**。通过面谈和背景调查，你已经收集到了新员工的很多有用数据，为做任务报告提供了参考。告诉新员工你认为他们哪些地方可以做得很好，哪些地方还需要投入更多精力。辅助他们制订第一轮发展计划，并在执行的过程中予以支持。

- （R）关系：**决定交流的方式及时间**。在沟通频率上要达成共识。例如如何沟通？在什么时间沟通？每天发 5 封电子邮件？每个季度进行一次 3 小时的操作检查？设定沟通频率是引导过程中最简单、最重要且最易操作的一步。

第 2 章 | 用 人
让招聘准确率从 50% 提升至 90%

第二步是发展。我该如何去发展他们呢?

重点是发展他们的强项,让其强项与工作内容相匹配,但同时也要试着回避他们的弱点。问问新员工:"你最大的强项是什么?如何才能让强项更强?是什么阻碍了你前进?你需要改进的地方有哪些?"

应该聚焦员工的长处还是想办法改正他们的缺点?

我们相信每个人都应该把自己三分之二的精力用在发展优势上,这样才能让你支付的薪酬发挥最大效用,同时带给员工更多的乐趣。

但是,他们仍然需要用剩下的三分之一精力来发现和管理自己的缺点。你不能指望每个人都十全十美,但人人都需要改进自己的不足,以保持事业发展。

我们怎样发展优势、管理劣势?通过培训吗?

培训是引入新概念的有效方式。但通过分析数据,我们发现培训其实只占有效学习的一小部分。大多数的发展来自于工作实践以及在这一过程中你给他们的指导。如果你想让员工成长,就多给他们些机会或任务,让他们全力以赴地发挥自己的长处,并随时准备为他们提供支持。

该怎么做？

简单来说，就是想办法让他们成功。你可以为他们清除路障，将他们引荐给前辈，给他们指明方向，或引导他们走上正确的发展道路。当他们遇到困难时，帮助他们理清思路，但不必替他们解决问题。

美敦力医疗器械公司的 CEO 阿特·柯林斯就是这样做的。他对我们说："我认为更有效的方式是向员工提问，而不是告诉他们答案。这么做有两个原因：第一，如果你的周围都是聪明人，那么对于你提出的问题，他们自然能靠自己找到正确的答案；第二，他们靠自己找到了答案，自然会更加投入，最终坚决推动并成功实施你的任何计划。"

言之有理。还有其他吗？

还有一点非常重要，你要经常让他们汇报情况。你可以询问他们某件事情的进展如何，是否遇到了困难，以及他们会采取什么样的应对策略等。这将有助于让他们学得更扎实些。但大多数的领导者都忽视了这关键的一步，导致其下属职业生涯中巨大的、长期的职业差异。所以你要迫使他们学有所思。

第 2 章 | 用　人

让招聘准确率从 50% 提升至 90%

说到职业生涯，我该怎么帮助员工规划他们的职业生涯？

我们建议你鼓励团队中的每个人都制订一份职业规划图，并以此指引自己完成职业规划中的长期目标。假设职场就是一个舞台，那么制订职业规划图时，请问问他们：

- 你的长期职业目标是什么？
- 你最想扮演哪些角色？按照渴望程度排序。
- 今年你想要完成什么目标？

财捷集团（Intuit）CEO 布拉德·史密斯（Brad Smith）鼓励他的员工就其个人的真北（内心最真诚的追求）定期与他们的领导者进行对话，领导者们会以此为基础，尽可能地让员工与他们的真北更加匹配。"还不够完美，我们还要继续向前冲，"他说，"但已经向目标迈进了一大步。"

请总结一下，我应该如何考虑团队的用人问题？

回到第一个问题：你有最合适的人选吗？具体来说，你是否为完成正确的优先事项安排了最合适的人选？我们称之为"人事匹配"，也有人称这一过程为人才筛选。

每隔 3 个月就思考一下，自己的团队里是否都是合适的人选。测算一下有多大比例的员工正在实现他们的目标，或者你认为谁有可能实现他们的目标。只有当他们达成目标的90%，你的 W 项才能得 9 分。

如果你想彻底搞明白如何"诊断"，不妨思考一下：假如今天公司要转型，你是否还要将这个人留在团队里？这是一位企业家在我们组织的一个 PWR 打分研讨班上提出的问题。

在你完成诊断之后，仔细考虑团队的部署计划。一旦发现某些员工的水平达不到要求，你就应该马上问自己："在我们公司，是否有合适的岗位能让这些人发挥 A 级水平？"如果有，对他们进行调岗。如果没有，让他们脱离你的团队，并帮助他们到其他公司找到更适合他们的工作。

最后请记住，在新员工入职时，你要为他们提供支持，在发展他们强项的同时回避他们的弱点；你还要鼓励他们制订自己的职业规划图。

第 2 章 | 用 人

让招聘准确率从 50% 提升至 90%

为你的团队 W 项打分

在 1～10 的评分区间内,我认为我们的 $W=$ _____

分值	描述	在描述你 W 项的复选框内打勾
1	我们有 0～10% 的 A 级选手。几乎没人能把工作做好,有好几名员工在公司里传播负面情绪	☐
2	我们有 11%～20% 的 A 级选手。很少有人能把工作做好,有两三名员工在公司里传播负面情绪	☐
3	我们有 21%～30% 的 A 级选手。少部分人能把工作做好,有一两名员工在公司里传播负面情绪	☐
4	我们有 31%～40% 的 A 级选手。三分之一的人能把工作做好,有一两名员工在公司里传播负面情绪	☐
5	我们有 41%～50% 的 A 级选手。近一半的人能把工作做好,可能有一名员工在公司里传播负面情绪	☐
6	我们有 51%～60% 的 A 级选手。超过一半的人能把工作做好,可能有一名员工在公司里传播负面情绪	☐
7	我们有 61%～70% 的 A 级选手。多数人能把工作做好,没有员工在公司里传播负面情绪	☐
8	我们有 71%～80% 的 A 级选手。四分之三的人能把工作做好,没有员工在公司里传播负面情绪	☐
9	我们有 81%～90% 的 A 级选手。几乎每个人都能把工作做好,没有员工在公司里传播负面情绪	☐
10	我们有 100% 的 A 级选手。每个人都能把工作做好,每名员工都在公司里积极地传播正能量	☐

CHAPTER 3

第❸章

关 系

发挥集体效应，使整体远大于部分之和

如果你倡导创新，你是否创造了一个鼓励创新的环境？如果你教导别人懂得尊重，你自己是否尊重每个人？你是否在真空中工作，并想象其他人会自动围绕在你周围？若想让团队全功率运行，领导者必须在组织内部建立忠诚、合作与挑战的强关系。

第 3 章 | 关 系

发挥集体效应，使整体远大于部分之和

好消息：游泳比赛和自行车比赛结束了！

现在我得开始长跑了吗？

是的，如果你想要到达终点的话。

我不会半途而废的。目前我已经理清了 P 项和 W 项，但 R 项（关系）又是怎么回事？

我们要让关系在工作中发挥最大的积极作用。

是要我每天早上都给每位团队成员一个拥抱吗？

我们所谈论的不是一般的亲密关系，而是那种能更好地发挥集体效应，帮助团队取得预期结果的关系。那些 P、W、R 三项能力都排在前 1% 的全功率领导者为自己的团队制定了极高的标准。他们带领团队达成目标的能力是其他领导者的 7 倍以上，兑现承诺的能力也比其他领导者高出 1 倍多。

所以，他们对于结果严肃而认真。

当然。简单地说，关系就是人们如何对待彼此，以获得想要的结果。你要确保员工在行动上协调一致，在事业上无限忠诚，在工作上不断挑战彼此，并由此达到新的高度。

为了达到目标，领导者需要采取严厉的手段吗？

事实恰好相反。因为领导是领导者和追随者之间的关系，而构建关系和提高个人领导力又是 R 项表现优异的领导者身上最普遍的两项技能。不仅如此，伟大的领导者都知道，他们必须建立强大的团队以弥补自身的不足。假设他们开始时就已经有了合适的人选，那么建立关系的目标就是要使整体远大于部分之和。

这听起来像是提高个人效能的一种途径。

对极了！领导者只有带出强大的团队，才能拥有更大的

第 3 章 | 关 系
发挥集体效应，使整体远大于部分之和

权力。这就好比在这个世界上，人们只有团结起来，一同追求有价值的目标，才能推动社会的进步。你可能为他们提供了指导，但真正的能量来自于团队，是他们的工作产生了非凡的成果。

你说的关系是指整个团队中的所有关系吗？

是的。你的直属团队、你的老板、其他部门的同事及跨部门团队，都包括在内。

想想伟大的指挥家，他不可能坐在每个人的位置上演奏所有的乐器，但当他在音乐会上举起指挥棒时，他知道负责演奏管乐、弦乐和打击乐的各位演奏家都已经准备就绪，会在指挥棒落下的瞬间合奏出一曲美妙的交响乐。最重要的是，他知道大家都明白一个道理：自己的部分演奏得越好，整体的表现力就越好。

归根结底，无论是伟大的指挥家、棒球领队或人民教师，还是全功率领导者，他们在取得成功的方式上都存在着相同之处。发挥个人领导力的同时，他们也唤醒了被领导者的潜能，并帮助他们实现更远大的目标。在听本杰明·赞德著名的 TED 演讲"古典音乐的变革力量"时，我们首次听说了"唤醒他人潜能"这一说法，并对此表示十分赞同。

这一理论也适用于公司的外部关系吗？比如我们与关键客户、供应商或服务提供商之间的关系。

同样适用。它包含关乎公司成败的各种关系。这就好比管弦乐队需要依靠门票销售商、照明分包商、节目单打印商、志愿筹款人甚至还有停车场管理员的帮忙才能成功举办演出，需要每个人都各司其职，把自己的工作做好。

关键在于判断公司内外部各种关系是否都处于正常状态。如果一切正常，那么你就可以按部就班。否则，要找出薄弱环节并进行改进。

我要从哪里开始？

首先，你要想想自己是否确定了正确的优先事项以及合适的人选。许多领导者往往都会跳过这个步骤直接尝试修复关系，但他们很可能忽略了这样的事实：自己的优先事项模糊不清，团队成员毫无实力。领导者的这种做法只会让整体情况越来越糟。

如果你发现自己在 R 项上存在问题，那么你同时还要仔细检查一下自己的 P 项和 W 项。

完成这些之后问问自己下面三个问题，你就能知道自己在 R 项上离 10 分还有多大的差距：

第 3 章 | 关 系
发挥集体效应，使整体远大于部分之和

1. 团队内外的沟通是否和谐？
2. 团队对使命是否忠诚？彼此之间相互信任吗？
3. 如果要完成更大的目标，他们是否觉得有挑战性？

争取在团队建设方面达到以下目标：

- 协调。
- 忠诚。
- 挑战。

协调：为优先事项与关键行动而沟通

"协调"指的是明确各自的角色和职责吗？

部分正确。"协调"更多的是指针对优先事项与员工进行沟通，确保他们之间有正确的信息流动。也就是把员工聚在一起，针对目标衡量进度。

计分卡在这里可以起到很大作用。这是一个圈定优先事项（包括团队和个人）的行之有效的方法。如果计分卡做得好，就可以将关键目标囊括进来。

现在，你需要把正确的人聚到一起，用恰当的沟通频率，

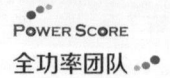

讨论你们的优先事项，针对关键目标，衡量工作进度。

什么是恰当的沟通频率？

恰当的沟通频率是确保正确的人在正确的时间彼此进行沟通。沟通方式可以是面谈也可以是电话会议。

当我们进行 360 度评估时，大家反馈最集中的问题是未能充分沟通。常见的原因是他们没有推动对话的正式机制，还有就是未能在正确的时间分享重要的信息，或未能让所有正确的人都来解决问题。

为了解决这个问题，要问自己以下几个问题：

- 正确的人在正确的时间进行沟通了吗？
- 正确的人拿到了做出正确决策所需的报告、指标表和记分表了吗？
- 正确的人走到一起是来解决正确的问题吗？

9 分或 10 分的领导者是怎么做的？

瞪羚公司的凡尔内·哈尼什的做法是每周召开电话会议。

"团队成员遍布全球，横跨 12 个半时区，他们都是独立的企业家。"凡尔内说，"我们每周一上午召开电话会议，大家一起解决本周的重大问题和重大挑战。"

在与这些人通话时,他首先要做的是与每个人寒暄。即使要讨论的事情十万火急,他们仍会花点时间寒暄一番,分享彼此工作和生活中的好消息。

这样做不会降低会议的重要性吗?

恰恰相反,它会把大家团结起来。正如凡尔内所说:"领导是把人和人联系起来,而不是仅仅把人当成管理过程中的某种要素。寒暄环节至关重要。"寒暄后,他们会就2~3个主要问题进行讨论、争论并最后做出决策。"在需要做出具体决策的时候,我们从不迟疑。如果想要快速前进,就必须快速反应。"凡尔内这样对我们说。

讨论、争论、决策,我喜欢。

如果愿意,你也可以这么做。在斯玛特顾问公司,我们称之为"3D"(讨论、争论和决策的英文首字母都是D),比如说"我们3D这个问题"。

总之,在凡尔内的碰头会结束时,每个人都会带着结论离开,然后他们会开始考虑下一步工作。"这不是微观管理,"凡尔内说,"这是精益管理。"

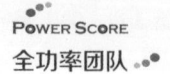

我喜欢这样的碰头会，但如何才能不让我的会议变成无聊的进度汇报？

阿图·葛文德公司的管理层会议是典型的进度更新会。团队成员到齐后，大家轮流介绍自己分管工作的进展情况，有的提前，有的正常，有的落后。如果需要，阿图会帮助一些人解决问题，但大家都感觉这种会议无聊至极，包括阿图本人。

在会上有趣的讨论很少发生。阿图也考虑过彻底摒弃这样的会议形式，但他意识到，起初这将会是一个受欢迎的决定，但同时也意味着以后项目可能会出错，团队将无法意识到工作上的重叠。

相反，阿图和他的团队决定重置会议议程。大家不再汇报项目进展，而是每个人都必须提出一个自己最棘手的问题，并提出建议性的解决方案。几乎一瞬间，会议就从无聊的工作汇报会转变为迷人的问题解决会。

"现在我们会前要精心准备，"阿图的一名团队成员告诉我们，"但准备是值得的。"一个议程上的微妙转变让整件事脱胎换骨。

其他的协调方法怎么样？

我们多关注一下阿图是非常值得的，因为他对与他人协

第3章 | 关 系

发挥集体效应，使整体远大于部分之和

调的一些非常重要的方法进行了推广、归纳和总结，写成了《清单革命》一书。

阿图发现，将关键行动列入清单这一简单的行为，可确保正确的人在正确的时间进行正确的对话。这是领导力的一个最佳实践，从医药企业到航空公司，从投资到招聘，在许多行业中都适用。

在《清单革命》中，阿图描述了医生在手术前都会问的一些简单的问题，比如"所有团队成员都介绍自己的名字和角色了吗？""如果病人意外失血，我们该怎么做？""我们检查病人的识别腕带了吗？我们要确保给正确的人做手术。"回答好这些问题可以让感染率和死亡率降低33%以上。

解决问题的周例会和浏览清单在我看来就像是良好的卫生习惯。我怎样做才能更上一层楼？

许多领导者认为创造共同经历是重要的一步，这会促使员工做得比说得更好。

直觉公司的创始人斯科特·库克（Scott Cook）发现共同经历会让员工很快就共同的优先事项达成一致。"人们从实践中学习，"他说，"当人们出现意见分歧时，通常是因为他们有不同的经历。如果你想让他们观点趋同，首先要让他们分享相同或相似的经历。例如，税务软件部的领导者曾经在同一天把所有员工都带出去见客户，然后回来一起汇报。虽然他们的汇报各有不同，但都有相同的出发点。"

斯科特继续说道："我不认为可以通过说服或命令来团结队伍。团结队伍的方式应该是让他们相信你所做的一切，而你要做的就是让他们有共同的经历。"

协调是将员工以某种方式联系在一起，把精力集中在最高级别的优先事项上。这其中的正确节奏是什么？

一般来说，团队会根据不同的主题来选择不同的节奏，例如：

- 每十年重新审视使命、愿景和价值；
- 每三年重新审视战略；
- 每年制订年度计划和计分卡；
- 每季度审核目标和结果；
- 每月审核进度；
- 每周或每天解决问题。

说完每季度和每月的沟通频率，我们再来看看协调团队

第 3 章 | 关 系
发挥集体效应，使整体远大于部分之和

的另一个重要方面：记分表和指标表。你必须确保员工知道为了达成目标，他们应该怎么做。

以联邦快递（FedEx）为例。其著名的"紫色承诺"是要让每一次联邦快递体验都与众不同。这是一个伟大的目标，但如何才能让 29 万名员工每天都能实现这一目标呢？

记分表和指标表？

是的。联邦快递的 CEO 弗莱德·史密斯（Fred Smith）在海军陆战队服役期间，曾两度到过越南。他十分关注军队在后勤和领导方面的有效方法。

当弗莱德在联邦快递培养"绝对、积极"的企业文化时，他发现反映运营绩效的记分表和反映薪酬补偿的指标表可确保每名员工把主要精力放在正确的事情上。"对于高层领导者来说，90% 的奖金来自公司业绩，10% 来自于个人业绩，"弗莱德告诉我们，"对于一线员工，几乎所有的薪酬都来自于他们的个人业绩。"

这对小型的创业公司适用吗？小型创业公司并不需要庞大的官僚机构。

设定目标和跟踪进度不是官僚，这是一门学问，如果你想让团队全功率运行，就需要这样的实践。俗话说"可以衡量的工作才可能完成"。

到目前为止，你看看我是否把这部分内容搞清楚了？协调意味着在正确的时间让正确的人谈论正确的事情，并跟踪他们的进展。

你说对了。当大家同舟共济时，关系会发展得更好。通过沟通频率跟踪进度，通过指标表掌握标准，这会让大家步调一致，朝着同一个目标前进。与其让每名员工各自为政，不如保持协调来得更容易些。然而，在建立高效团队方面，协调只是表面现象。你需要去挖掘那些能真正推动目标实现的更本质的东西。这就是我们所说的忠诚关系。

忠诚：忠于使命，忠于领导，忠于彼此

忠诚听起来很可怕。为什么这么重要？

如果你的员工不忠诚，世界上最好的战略也无法实施。除非他们对工作有了感情投入，否则一切都无济于事。忠诚是驱动团队的燃料，它激发了员工的野心，让他们更有作为。一小群忠诚的团队成员会让一切截然不同。

第3章 | 关 系
发挥集体效应，使整体远大于部分之和

准确地说，我的团队必须忠诚于什么？

忠诚于你的使命，忠诚于你的领导，忠诚于彼此。

好，就从我的使命开始。这听起来像是要重温优先事项。

说的对，你需要团队认同你们的使命，特别是首要使命。此时，你的使命必须跳出纸面，进入团队成员的大脑，否则他们还要用自己的理解方式苦苦摸索。

正是由于这个原因，雷泽·舒勒曼（Razor Suleman）险些成为一位失败的企业家。他没有与大家分享自己的梦想，而是将梦想装在自己的脑袋里，这几乎葬送了他的公司。

雷泽告诉我们，那是在2006年，他独自一人在海滩上跌跌撞撞地走着，满眼泪水，他想放弃自己亲手创办的企业，出去找一份工作，或干脆去酒吧当服务员，先干上一段时间再说。

作为企业创始人，他在艰难地挣扎。18人的领导团队，有6人因愤怒而辞职。这是他的过错，他知道这不是他想要的结果。在自己年轻的时候，雷泽有一个愿景，建立一家软件公司来改变其他公司的运行方式。这一前景他看得很清楚，他看到了开发企业软件，帮助公司吸引并留住人才的机会。但具有讽刺意味的是，他自己的员工却成群结队地离开。

"我过去是一个失败的领导者，失败的企业家，"他说，"我没有为团队提供良好的工作环境，没有把公司愿景传递给团队。员工们都跑了，我也是一个逃兵。"

听起来好像现实已把他的梦想击得粉碎。

曾经是这样的。一天，雷泽走进他的首席运营官（COO）戴维·布伦南（David Brennan）的办公室，把钥匙扔在他的桌子上。"我受够了，"他对戴维说，"我退出。结束了，我不擅长这个。"

这可能是雷泽在自己公司的谢幕演出，但戴维并没有让他退场。"问题是这样的，"戴维说，"你把电影装在自己的脑袋里，只有你能看到它。你没有向任何人描述这部电影的内容。你需要把剧本写出来，拿给公司所有的人看。把你正在思考的关于世界应该如何运转的所有东西都说出来，让我们一起来论证。"

开始时，雷泽持怀疑态度，并用了一个晚上的时间去寻找酒吧服务生的工作。但第二天他还是把自己的构想写了出来。他只用了15分钟，手写了5张纸。他描述了他想要建立的公司，以及他的目标客户；他描述了他想雇用的员工，以及如何与他们建立关系；他描述了自己的价值观，以及如何

第3章 | 关 系

发挥集体效应，使整体远大于部分之和

将它们变成公司的价值观；最令人难以置信的是，他写下了未来 5 年他的财务目标是销售额达到 10 亿美元。把所有这些东西写在纸上，雷泽感到了一种莫名的解脱，与在海边的酒吧里为顾客端茶倒水的感觉大相径庭。

第三天早晨，雷泽惴惴不安地把这份长达 5 页的"宣言"递交给他的首席运营官。"太棒了，"戴维对雷泽说，"这太伟大了。现在我们要做的就是在本月下旬与异地团队分享其中的内容。"

雷泽的心沉了一下。"他们会认为我是个疯子！"

"他们的确会认为你的愿景有些疯狂，"戴维微笑着回答，"老实说，他们可能会认为你是个疯子，但你必须让他们知道你的想法。这是领导的职责所在。"

在 2006 年的一次全员大会上，雷泽把自己的愿景传递给了员工。第二天，又有两名公司高管辞职，这加重了雷泽的恐惧心理。

我在餐巾纸上算了一下，18 个人的团队走了 8 人，将近团队总人数的 45%。

是的，但这却惊醒了梦中人，有 8 个人离开了，还有 10 个人留了下来！

"留下来的 10 个人看到了愿景,"雷泽告诉我们,"他们相信。他们看到了一个更美好的世界,相信我们有能力到达那里。我想把他们带上月球,但目前无法向他们证明我们可以做到。我所拥有的只是到达那里的信念和激情。他们决定跟随我,就是想亲眼见证我们最终会登上月球还是会死在路上。"

接下来,管理团队根据愿景和使命招聘员工。"面试时,我们会与候选人分享公司的愿景和使命。如果对方不喜欢这一愿景,这也没什么不好,"雷泽说,"为什么我要付钱给那些不想与我们同舟共济的人呢?"

随着时间的推移,留下来的老员工和招聘到的新人对公司愿景深信不疑。虽然有人还认为雷泽稍有疯狂,或者过于野心勃勃,但这其中也有一些激动人心的感染力。他们想和这位疯狂的 CEO 并肩作战,试着和他一起登上月球。

月球,他们真的登上去了。团队把雷泽的 5 页宣言(他称之为经典计划)镶在镜框里,挂在公司的墙上,今天它仍然挂在那儿。基于这份经典计划,他的成功者(Achievers)公司在早期从红杉资本募集了 3 800 万美元,在过去的 6 年间,公司销售额年年翻番,现已突破了 1 亿美元,而公司也连续 6 年入选最佳雇主 100 强。此外,成功者公司还是北美地区

第3章 | 关 系
发挥集体效应，使整体远大于部分之和

成长最快的公司，雷泽也在 2011 年收获了安永"年度企业家奖"。今天，该公司的员工遍布全球 110 个国家，客户保持率高达 99%，最重要的是，他们实现了公司的使命：创造改变世界的工作方式。

所以雷泽不再是一个只有梦想的梦想家？

绝对不是。正如雷泽所说："当我在 2006 年描述了自己的愿景时，人们认为那是妄想。今天，大家似乎感觉到我们的愿景还有些太小。我从自己的失败中学习，在这件事情上，我知道了创造愿景，设定方向，沟通、沟通再沟通的重要性。"雷泽自豪地称自己为创始人、董事长兼首席成就者。

知道你是谁以及你为什么而奋斗，这很重要，但还不够。你还必须讲清楚你要往何处去，这样其他人才可以决定是否与你同行。当然，你可能看起来有点像个疯子，但人才的忠诚度远比学历和过往的经验更重要。

要用到在第 3 章讨论过的"技能－意愿"牛眼图吗？

基本上是同样的道理，在前面我们关注的是决策，即某个员工是否有意愿。在这里我们关注的是你作为团队的领导者，需要做些什么来让团队忠于愿景。

还有其他办法可以提高团队的忠诚度吗？

达维塔（Davita）公司的CEO肯特·西里，每天早晨在上班的路上都要走过一座特殊的桥。

他喜欢步行上下班？

不，这座桥不在室外。这是一座约3米高的木拱桥，两边有栏杆，放置在达维塔公司丹佛总部靠近肯特办公室附近的空地上。

我们也走过这座桥，想看看这里面有什么文章，但那并不是什么令人兴奋的体验。对肯特和他的团队来说，重要的是走过小桥的象征意义。

肯特每天都会从桥上走过，他这样做不仅是给别人树立榜样，以示自己对使命坚定不移的忠诚，同时也是在提醒自己，对这个独特的社区（不是公司）的远大抱负。

是什么意思？这有什么意义？

意义在于其使命。肯特的使命不仅仅是赚钱，把公司做大做强，他认为自己的使命是建立一个社区。通过走过小桥，肯特为大家树立了一个榜样，即每天都要忠于使命，忠于公司的价值观。肯特的头衔是"村长"，他的员工被称为"村民"。

第3章 | 关 系
发挥集体效应，使整体远大于部分之和

这不是一家上市公司吗？

是的。这家公司之前叫肾脏全面护理公司（Total Renal Care），肯特在1999年加入这家公司的时候，它深陷低谷，几近破产。美国证券交易委员会正在对它进行调查，股东们也在对公司提起诉讼，大约有一半的高层领导者已经被终止工作或正准备跳槽。

留下来的领导者无法跟踪到关键的财务指标或临床结果，但大家都知道数字会很难看。员工离职率高达30%。人们愤怒、恐惧，士气低落至极点。

肯特也很恐惧。他不知道自己能否挽救这家既绝望又破碎的公司。更糟的是，他知道即使努力尝试一下，也会产生非常高的人工成本。他和家人住在旧金山，而公司总部在洛杉矶。

与此同时，肯特又非常兴奋。他有一个梦想，那就是建立一家能真正改变世界的公司。这次对他来说就是一个实现梦想的机会。经过与家人的一番讨论后，他终于赢得了家人的支持，选择了这份工作。

刚到公司时，肯特决定，作为领导者，他唯一能做的最重要的事就是给团队带来希望。他知道，除非员工再次对公司充满信心，否则他将寸步难行。

所以，他要求他们对公司忠诚？

刚开始不是。他只是向员工描绘了自己的梦想。"我把梦想大声地说了出来。我说我想打造一个特别的工作场所，我想打造一家世界上最伟大的透析公司。"

有些人接受了肯特的梦想，但多数人还是拒绝了。"会议室里有三分之一的人完全充满敌意；有三分之一的人无动于衷，认为这只是说说而已；只有三分之一的人认为这很酷。这让人很不舒服，但我仍然坚持这是我应该做的正确的事情。"

肯特的梦想引出了许多问题，但大都归结为一个问题：如何实现？肯特没有反驳这些问题，也没有提供一些半生不熟的答案，他给了团队一个令人惊讶的回答。"我将全身心投入这个梦想，但我还没有一个总体规划，"他告诉他们，"我们一起来制订这个计划。目标就是打造一家为生命增加价值，帮助人类挖掘自身全部潜能的公司。"

他把创造优先事项的任务交给了团队，这是一个让员工忠诚于公司的好方法。

是的，肯特因此有机会进行造势。员工们想看看这将是一家什么样的公司，肯特到底想干什么。大家一致要求给新公司取个新名字。肯特对大家的要求非常重视，他让团队提

第3章 | 关 系

发挥集体效应，使整体远大于部分之和

报几个选项，然后与原来的名字放在一起，让大家投票决定。"达维塔"就是这样诞生的，其意义是"给予生命"。

让员工投票来为公司更名，这种现象普遍吗？

其他公司有可能也这么做过，但据我所知，达维塔是《财富》500强中唯一的一家。

但是，公司更名并没有让企业文化发生太大的变化。在接下来的一年时间里，肯特花了大量时间四处奔走，在一个个酒店会议室里召集达维塔的员工开会。"我一边谈着自己的梦想，一边看着大家，一眼望去，死气沉沉。晚上，我独自待在酒店房间里，远离家人，我对自己说，'这完全不管用，我看起来真像个傻瓜！'有很多次我想过放弃。记得有一次，因往返奔波于全国各地推动公司愿景，我既疲惫不堪又沮丧泄气，于是我躲进房间，大哭了一场。"

肯特继续回忆道："后来发生了件美妙的事情。公司有一名非常有经验的操作员，她是位安静的60多岁的亚洲女士，在我到公司的前4个月时间里，她几乎一言不发。但有一天她突然走过来坐在我旁边，把手放在我的膝盖上说：'肯特，你正在做正确的事。我加入。'这给了我继续下去的力量。"

肯特四处走动，与公司所有部门的员工接触、交流，他

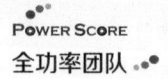

问这些员工一个健康的团队该如何表现。"每个人都能回答这个问题,不管他们是否上过大学。每个人都想成为特殊团队或者特殊社区的一员。"

社区的理念原来是从这儿出来的。

肯特告诉我们,有一天晚上他对大家说:"好吧,我们首先是一个社区,其次才是一家公司,因为这才是人们的需求。在社区中的人们关心彼此,关心整个社区,所以就让我们成为社区"。不久,达维塔的员工开始称自己是村民,称肯特是 KT 村长。KT 是肯特·西里全名的首字母缩写。

公司董事会认为这是一个好主意吗?

毫无疑问,董事会认为这很怪。"当我第一次把这个想法告诉董事会的时候,"肯特说,"他们认为我失去了理智,忽视了业绩标准和操作指标的重要性。但想一想,一个村子的村长不能发展稳定的经济,他将如何为村民创造利益?村长不会回家吹嘘自己创造了多少国民生产总值(GNP)。他回到家里,会宣扬自己的学校、公园里没有犯罪事件,村民的文化程度都超高。所以,对我们来说,获利只是手段,而非最终目的。我们知道,建设一个社区需要时间,其积极的效果

第3章 | 关　系
发挥集体效应，使整体远大于部分之和

在短时间内不会显现，所以我们需要董事会给予我们充分的自主权。"

虽然公司内部还有许多质疑的声音，但肯特决定把自己的愿景表达得真实而具体。他决定带大家过桥。

所以他建了一座真桥，让员工从上面走过去吗？

是的。他告诉我们："我们召开了第二次特别大会，在会议室内放了三座桥。我站在几千名达维塔村民的面前对他们说，我们已经花了几个月的时间来谈论这件事情。你们相信这样的使命和价值观吗？你们相信'社区第一，公司第二'的理念吗？如果相信，现在就走过这座桥。你不必公开地进行或故意做给别人看，我们可以接受有人喜欢这样的理念但并不愿为之奋斗。我希望在接下来的两天半里，这个房间里的每个人都要决定过桥或不过桥。如果你不过桥，那么我们要求你花一些时间，进行严肃的个人和职业反思，如果你还是不能决定，这时就要问问自己，是否还适合在这里继续干下去。"

肯特告诉我们："几千名员工都过了桥，自愿成为村民。"

当回顾自己的领导经验时，肯特相信领导者的工作可归结为一项简单的任务，即释放人类的潜能。"我相信这个世界上98%的人都想成为一个优秀团队中的一员，做一些对世界有益的工作。我的任务就是解放他们的做事方式,释放他们的基本欲望。"

1999 – 2012 年,达维塔的股票在标普 500 中表现最为强劲。一个更好的消息是,有无数客户的生命质量也得到了提高。这要归功于达维塔成千上万的、一心想影响世界的村民,他们在肯特的领导下走向了成功。

你提到不仅要对使命忠诚,还要对领导者忠诚,甚至是对团队忠诚。如何才能做到?

让我们先从领导者开始。即使员工接纳组织的使命,如果他们对领导者不信任,内心也会倍感挣扎。你必须成为值得跟随的领导者,赢得他们的信任。

在加盟斯玛特顾问公司之前,兰迪在一家软件公司领导一支销售团队。他一直认为自己的工作做得不错,直到有一天一位销售经理找到他,对他说:"你知道吗?我总有这种感觉,你并不总是冲在前面,拔出剑,激励并率领我们拿下那座碉堡。"这是兰迪的职业生涯中最低落的时刻,但也是一个绝佳的学习机会。

通过与销售人员进行一对一对话,通过使用计分表和指标表,兰迪一直在仔细跟踪进度,所以这不是团队是否协调

第3章 | 关 系

发挥集体效应，使整体远大于部分之和

的问题。问题是他没有花足够的时间在销售一线帮助他的团队赢取新业务。在管理上他做得不错，但他是在后方领导销售团队。

"我以身作则了吗？我言出必行了吗？"这些都是我们需要常常问自己的问题。从兰迪的例子看，领导者需要与团队打成一片，才能了解到他们的真实想法。兰迪认为自己做得很好，但他的团队并不这么认为。

所以，领导者要真实而诚恳吗？

这是建立忠诚团队的基础。另外，要求别人怎么做，自己就要先做出榜样。如果你教导别人要懂得尊重，那么你自己是否尊重每个人？你是否开会迟到？是否懂得倾听？如果你倡导创新，你是否创造了一个创新的环境？在有人尝试新的东西时，你是否予以支持？如果你说想要一个合作的团队环境，你是否在尽一切努力去实现它？你自己是否在真空中工作，并想象其他人会自动围绕在你周围？

以身作则不容易，但它是构建有效关系的基础。

为什么以身作则这么难？

因为它需要勇气。有时候，领导者因为胆怯而不敢去做正确的事，倾向于随大流。但有时你必须站出来维护自己的同事，向他们表明你就是他们的后盾。乔伊斯·罗素（Joyce Russell）就是这么做的。她所负责的艺珂人力资源（美国）公司（Adecco Staffing US），市值达28亿美元。该公司为世界各地的客户提供劳务派遣、外包、长期招聘、管理服务等。

在职业生涯早期，乔伊斯的公司出现过一次财务问题，这影响了艺珂公司当期的财务绩效。乔伊斯手下的许多高管的收入将会受到间接影响。"我手下有一位高管，他为我们经营一个大城市的市场，为公司创造了数百万美元的收益。公司高层认为每个人都应该承担那次财务损失，但我强烈反对，因为我提到的那位高管没有参与，把他包括进来是不公平的。"

与CEO唱反调，她需要勇气和信念。CEO是一位令人钦佩的领导者，有着多年的工作经验，也有着坚定的信念。乔伊斯说："我可以从他的肢体语言中看出他强烈反对我的立场。然后，他给我讲了一个在他的职业生涯早期遇到的类似案例。他说，'乔伊斯，有时候，这就是处理问题的方式。'"

考验的时刻到了。

是的。乔伊斯告诉我们她能感觉到自己的心跳加快。当

第3章 关 系

发挥集体效应，使整体远大于部分之和

她鼓起勇气去捍卫下属的立场时，她能感到血流上涌。最后，她坐在椅子上，探身向前，直视 CEO 的眼睛说："你知道吗？我们现在是领导者，所以我们要做出正确的决定，而且是马上做决定。但做决定的前提是它是合理的、正确的。"

CEO 停顿了一下。房间一片死寂，没有人提出不同意见。最后，CEO 扫视了一圈，然后转身对乔伊斯说："你是对的。"

乔伊斯终于长出了一口气，CEO 继续说："我从来没有比这一刻更为你感到骄傲。"他又对大家说："大家都知道吗？她是对的，我错了。"

"我永远不会忘记那一刻。"乔伊斯说。

乔伊斯赢得了辩论。

她赢了，但这远没有结束。正如乔伊斯告诉我们的那样："那个同事仍然留在公司，我可以保证，如果我们当时没有替他考虑，不知道他现在会在哪里。如果他离开，这将是公司的一个巨大损失。不仅如此，几个月后，CEO 将我从首席运营官提升为公司总裁。"

"当我思考该如何领导时，我想到的是必须有勇气维护真理和自己的信念，即使是不受欢迎或踩上政治地雷。你要为你的员工站出来，保护他们。"

还有其他的以身作则的例子吗？

履行承诺也非常重要。如果做不到这一点，你将永远无法得到团队的尊重。

比尔·阿梅里奥说得很好："当你做出承诺的时候，你需要履行承诺。这是建立信任和声誉的最佳途径。如果我说我会在某天给你加薪，或者帮你扫除你前进道路上的障碍，结果我做到了，那么我就在你心里建立了信任和声誉。"

透明的沟通也会建立信任，不仅包括了员工对领导者的信任，还包括对整个组织的信任。大多数领导者极力控制组织内部的信息流动，目的是把那些他们不想别人知道的东西隐藏起来。想想如果领导者从一开始就说出真相，有多少丑闻可以避免，或至少可以减轻影响？

我们见过一些领导者，他们每天都会分享一切信息，有好的也有坏的。他们公布财务状况，提供直接的反馈，发布评级量表……员工总能精准地知道自己的现状，知道自己会得到什么样的待遇。

刚开始加入这样的团队时，员工可能感觉不适，但他们很快会意识到，整个组织都在公正地运行，因为一切都是公开的。领导者没有为暗箱操作留余地，团队成员将很快建立对组织的信任感。

第 3 章 | 关 系
发挥集体效应，使整体远大于部分之和

"信任"在这些故事中不断出现。

这是个关键词。如果员工信任你，他们会为你献出时间和精力；但如果他们不信任你，事情就难办了。他们不会追随你，你永远无法建立强有力的关系。对一个团队来说，成也信任，败也信任。只有你值得信任，才能产生信任。如果你只想着如何摆布他人，那么你永远到不了你想去的地方。

开明的私利？

当然，存在一些。但如果你建立了有效的关系，那么你的利益与团队利益、公司的利益、客户的利益、社会整体的利益之间就没有什么区别。人人都想成功，但一切都要从相互信任开始。

我知道了，但是如何建立信任？你有一份清单吗？

你说对了。这里有一份入门级的清单，实际上该清单可能更长一些：

- 做一个始终如一的诚信的人，做事情要一以贯之。
- 不做作。
- 以身作则。

- 和你的团队一样努力工作，愿意亲力亲为。
- 能成事。大家都喜欢在一个能获胜的团队中工作。
- 履行自己的承诺。
- 沟通要透明、直接和清晰。
- 倾听要专心、真诚。
- 给团队提供支持，而不是为自己寻找出路。
- 表现出关心和同情。
- 保护你的团队，特别当他们不在场的时候。
- 不争功，多揽责。
- 慷慨。
- 解决冲突。
- 清除障碍。
- 实践价值观。

我注意到你把诚信放在了首位，有人说这是领导的关键。

这当然很重要，但不要掉入陷阱，认为诚信就是唯一。在我们的数据库中，91%的人都有无可置疑的诚信，但其中只有一小部分是全功率领导者。做一个诚信的人是领导的底线，但它不能保证你一定成功。

当然，缺乏诚信会给你造成伤害，因为你所做的任何一

第 3 章 | 关　系
发挥集体效应，使整体远大于部分之和

件小事都会建立或削弱团队对你的信任，包括你说的每一个字，做的每一个动作。要成为一位值得追随的领导者，就要关心他人，把他们的最大利益放在心上。行为处事要让别人信服。只有这样，他们才会对你忠诚。不仅如此，你还要鼓励你的团队也同样行事。最后，他们会彼此忠诚，这种忠诚与他们对你的忠诚相比，即使不多，也不会少。

如何让团队成员彼此忠诚？

贝恩公司（Bain & Company）的合伙人卡伯顿·费拉德（Caperton Flood）贡献了一个很好的例子。他一贯的做法是让团队超越自己。不仅如此，他的团队也倾向于相互超越。尽管团队在长时间地努力工作，他们的忠诚度依然令人惊讶。

卡伯顿在肯塔基州长大，说话带着轻快的南方口音，性格随和，平易近人，但这些都不是他成功的秘诀。当开始一个新项目的时候，他会把团队成员聚在一起，提出工作要求，制订详细的时间表。像贝恩公司大多数项目一样，卡伯顿喜欢做快节奏的并购交易或紧急的竞争策划案。浏览完项目计划后，卡伯顿会拿出一张白纸。"在这个项目上，我们准备做些什么来体现彼此之间的忠诚？"他问道。团队成员大多会盯着地板，如坐针毡。卡伯顿也静静地坐着。

慢慢地，大家开始一个接一个地大声发言。"我真的不想占用周末时间，但为了项目，我愿意在工作日多工作一会。"有人说。

"但如果客户在星期五下午 3:00 打来电话，要求我们在星期一上午拿出方案，应该怎么办呢？"卡伯顿逼问道。

"也许我们可以在晚上 8:00 关电脑前查一查电子邮件，然后在第二天早上 8:00 再查一遍。"又有人说道。

"也许我们可以各自挑一个晚上来料理家庭或个人事务。"还有人说道。讨论又持续了 20 分钟，卡伯顿快速地写下了大家的承诺清单。清单在房间里传阅，大家都签上了名字。

不错，20 分钟就得到了一个忠诚的承诺。

是的，大家都明确地表示了自己的忠诚。但随着时间的流逝，或迫于压力之时，人是容易改变的。不管他们有多么忠于使命、忠于你的领导、忠于团队，时间和压力会以一种很奇特的方式侵蚀他们的忠诚，削弱他们的决心。为了让团队永远忠诚，要不断提醒团队，"不忘初心，方得始终"。

通过反复沟通如何？

绝对有效。你传递的信息越多，你的团队就越能记住他

第3章 关 系

发挥集体效应，使整体远大于部分之和

们为什么而来，越能了解你希望他们做什么。"对于一条信息，人们需要听 5～6 遍，"一位领导者告诉我们，"我可能只说了 3～4 遍。我没有遵循这条规律。不但横向没有遵循，纵向也是如此。我发现充分的沟通会让自己的状态达到最好。相反，当我单打独斗、不让别人参与、不向他人讲明原委时，自己的状态最糟。"

一件事情讲五六次真的足够了吗？

不够，远远不够。有意义的沟通需要无数次的重复。它需要一定的意志力，这可能是为什么大多数领导者都未能充分沟通的原因。

但这其中不包括延时酒店集团的 CEO 吉姆·唐纳德。他的行为向我们表明，一个人能做的比大多数人想象的要多得多。吉姆经常向每一名员工发送一段时长 60 秒的语音邮件。这个习惯已经保持了 22 年。想想看，扣除周末，总共有大约 5700 条信息。在他的公司里，这些信息被成千上万的员工听了千百万次。

这些信息清晰而简单，大家没用多长时间就明白了他的意图。他说："为了保持步调一致，你必须确保随时出现在每个人的面前。这是我为什么用语音邮件的原因。他们听到我的声音,就好像我每天都会出现在他们的起居室里。我用这种方式建立信任。"

那要发多少语音邮件啊!想想嗓子都痛。

的确有很多,但你不必这样做。你可以每周发送一封电子邮件,或每月与团队成员举行一次见面会。沟通的方式有很多,关键是要持之以恒,因为正确行为的强化需要长期的努力。

我们已经发现,一件事情经过 20 次的沟通交流后,人们才会与其合拍。当你都无法忍受听自己再多说一遍时,事情可能就有了转机,要不顾一切地去做。一直保持沟通,直到你知道你的团队已经听了你的话,然后一遍又一遍地说,对信息进行强化。

为了强化人们的忠诚,对他们进行奖励怎么样?

大多数人直接用经济奖励,这很重要。但也要考虑对员工的认可,用其他方式进行奖励。当埃瑞克·福斯(Eric Foss)担任百事装瓶集团(PBG)的 CEO 时,他宣布要创建一种赏识文化。他很清楚自己应该做什么,但应该如何做呢?

约翰·贝里斯福德(John Berisford)是百事装瓶集团当时

第3章 | 关 系
发挥集体效应，使整体远大于部分之和

的首席人力资源官，他凭着自己的一些经验，着手推进这项工作。"当有人给我写信的时候，我会保留这些信件，"约翰说，"但我不保留电子邮件。我有了一个想法，于是在领导层会议上，我阐述了我的理论。我给每个领导者都准备了信纸，把他们的名字印在上面。我说我们不打算慢条斯理地开展赏识文化。在接下来的30分钟，我们要为在过去的一年我们应该感谢的人写感谢信。几千封信当天寄出。在接下来的一年，员工敬业度上升了26%。在百事装瓶集团上市后的10年里，公司股价从23美元上涨到82美元。"

你如何得知感谢信提高了员工的敬业度？又如何得知员工的敬业度提升了公司业绩？

感谢信只是埃瑞克和约翰加强文化建设的一个方面。他们也采取了其他行动以提升公司业绩。关于敬业度提升业绩，盖洛普咨询公司CEO吉姆·克利夫顿（Jim Clifton）告诉我们："员工关系和财务绩效之间的联系从来没有像现在这样清楚。"他接着向我们展示了两者关联的一项又一项研究，证明了敬业度与业绩呈正相关。

不仅如此，吉姆还将其宣扬的理论付诸实践，盖洛普的股价已经从1988年的每股15美元上升到今天的每股825美元。

什么时候考虑薪酬？难道它不是激励员工保持敬业的重要因素吗？

员工到底是更容易被内在事物激励（如完成一项挑战性任务），还是更容易被外在事物激励（如物质奖励），理论界对此一直存在争论。我们认为两者都重要。

对员工完成的重大工作给予认可，是一种内在的满足，这一点我们讨论过。充足的物质奖励会让员工高兴，但往往不能达到长期激励的效果。

真的吗？我本来认为薪酬是员工最看重的事情。

如果你给付的薪酬太低，那问题就很大。薪酬的优势期很短暂，但薪酬太低肯定会有反激励的作用，员工会感觉如鲠在喉；假设你给付的薪酬足够高，那么要注意让激励与目标保持一致，否则员工会感觉脱节，无法给出上佳表现。例如，有一段时间，律师按字数收取费用，于是所有人都把辩护词和合同写得又臭又长，没有人再去关心客户的根本利益。

与我们合作过的许多销售团队也存在类似问题。他们以销售收入定薪酬，但公司真正关心的是利润率。比如，公司推出了一款新产品，但没针对其推广配套任何激励措施，结果销售人员更倾向于继续推销老产品，因为那做起来更容易。

第3章 | 关 系
发挥集体效应，使整体远大于部分之和

经济奖励是高级领导层的"指挥棒"，它是一个微妙而有力的工具。调整激励意味着你要把酬劳的重点放在那些你真正想让员工完成的工作上。许多薪酬计划奖励的是一件事，而管理层希望的则是另一件事。

这似乎有事与愿违的感觉。

是的，员工会因此而困惑。如果你对竞争行为进行奖励，谁将跟随你去战斗？

梅纳德·韦布刚加入 eBay 时就应用了正确的激励手段。当他控制了局面后，梅纳德开始为自己和团队中的每个人制定目标，并让他的业务同行提意见。他说："每个季度，我们都要制订计划，然后去实施这些计划。"

在共同目标的设置方面，梅纳德的做法体现了很高的水平，他把供应商也吸纳进来。"我会与供应商们举行见面会，对他们说，'嘿，很高兴见到你。能留下你家的电话号码和你的手机号码吗？'他们一般会说，'真的吗？'接下来我会说，'是的，是真的。我不想在希望与你联系时抓瞎。我们之间的关系没得说，关键是要好事快办。事实上，我希望你能把自己的奖金与 eBay 的业绩联系起来！'"

令人惊讶的是，梅纳德成功了。"你可以想象我们的供应

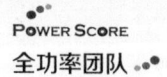

商是如何用心帮助我们实现 eBay 的指标,因为我们的指标也是他们的奖金指标!"

也就是说领导者需要帮助团队保持忠诚,自己始终保持警醒,还要经常与团队沟通,并定期对团队进行认可和奖励。

有很多其他的方式供你选择,但这些绝对是基本要求。最后,让团队永远忠诚的最好的方式是确保你的团队时刻感到挑战的存在。幸运的是,作为领导者,你每天都有机会激励你的团队,让他们更上一层楼。

挑战:创造超越认知的伟大

更上一层楼,我喜欢这个说法。

这是一种强大的思想。世界上最伟大的领导者对自己的团队都有一个愿景,那就是超越自我。我们中的大多数人都有能力创造不凡的业绩,但我们往往止步于恐惧或不安全感。如果把这种感觉传递给团队,那么团队成员也将变得恐惧和不安起来,他们不认为自己能比现在表现得更好。作为一名领导者,你的职责就是挑战团队中的每个人,让他们更上一层楼。不仅如此,你还要挑战整个团队。

第3章 关 系

发挥集体效应，使整体远大于部分之和

挑战算是另一种激励方式吗？

绝对是，但它超越了传统意义上的激励，不限于你为员工做了什么。绝大多数人的成功来自于内生动力，所以你的职责就是把他们自身的终极潜能挖掘出来。

挖掘出终极潜能的员工是什么样子？

当兰迪的前销售经理对兰迪软弱的领导力进行中肯的批评时，兰迪内心的火焰被点燃了，他决定做出改变。他的团队应该有更好的业绩，他知道自己可以让团队变得更好。

多年前的一次经历出现在兰迪的脑海中。兰迪经常登山，在一次背包旅行中，他的一个同伴因为踩到一块松动的石头而扭伤了脚踝，伤得很厉害，团队必须派出一支急救小分队出山寻求帮助。少数几名登山者被挑选出来组成小分队，兰迪是其中的一员。

小分队以极快的速度徒步下山——这真是疲惫、折磨的一天。找到救援后，两名队员留下，兰迪和小分队队长威尔又徒步返回，组织协调救援任务。

在登山过程中，天下起了雨，天色很快暗了下来，此时他们距营地仍然还有几英里。那真的不是什么好玩的事情。威尔鼓励兰迪要全力以赴。他挑战兰迪，让他做最好的自己。

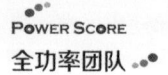

令人惊讶的是，他们爬回山上找到同伴所花的时间比他们下山花的时间还要短。

是在高海拔地区吗？

是的，这只会让救援工作难上加难。但兰迪在那天学到了不可思议的一课。他发现自己其实能做一些比自己的认知更伟大的事情。显然，威尔对兰迪的信心比兰迪对自己的信心更大。

当兰迪的销售团队踟蹰不前时，他想到了自己的那次登山经历。他来到团队中间，用一个超越他们想象的目标向他们提出挑战。过去，他们对政府客户的销售额不过几十万美元。兰迪告诉他们，他相信他们可以向州政府和联邦政府卖出数百万美元的产品，而他将助他们一臂之力。

大多数团队成员都不相信，直到有一天，销售队伍中一位年龄最小、经验最少的销售员克里斯蒂·阿克（Christie Acker）与密西西比州政府达成了一笔七位数的交易。

那一定得到了大家的关注！

是的。经验丰富的销售人员突然间相信了，他们抓紧时间往前赶，想胜过克里斯蒂。不可能实现的挑战变成了一种

第 3 章 | 关 系

发挥集体效应，使整体远大于部分之和

号召，在接下来的几年里，该团队不断达成交易，获得了亚特兰大"成长最快公司奖"。

那么领导者对团队进行逼迫也是其工作的一部分？

是的，但不只是因为你处在一个能起到推动作用的位置。逼迫是挖掘员工的内在潜能，唤醒他们的内生动力。逼迫是让员工下决心去做看似不可能的事情。逼迫是启发和激励，不是恐吓。什么是有效的逼迫？在这个问题上，许多领导者都搞错了。

帕特·休斯（Pat Hughes）接手了一家业绩不佳的木瓦制造公司的地区分公司。在他主持的第一个年度规划会议上，新团队表现颓靡，目标定得很低，销售额同比增长目标只有3%。但帕特可不准备举白旗，他大喝一声"垃圾"！过了一会儿，当受惊的团队平静下来以后，他站起来，走到白板前把3%划掉，写上了250%。可以想象，他遭到了团队的强烈反对，但不管怎样，帕特挑战了他们。

他在威胁团队！

刚开始看起来像威胁，但帕特相信他的团队，并希望给予他们支持。在提出挑战之后，他立即提供了他们所需要的工具。后来他们真的成功了。当年，团队的销售额增长了300%。帕特唤醒了团队成员对成功的渴望。

但领导者必须像帕特那样介入目标吗？如果 P 项和 W 项得分高，高绩效团队不能自己为自己设置高标杆吗？

当然能，但有时候你还必须采取相应的措施。约翰·泽尔默（John Zillmer）在爱玛客（Aramark）公司就是这么做的，虽然他的计划有点疯狂，但通过团队建设，他带领公司取得了极大的成功。

你不会是要告诉我，我必须与下属一起走绳索或登珠峰吧？

不，我们不会提出这种建议。你是对的，很多团队建设活动都是在做无用功，除非将其与目标和优先事项紧密联系起来。

当约翰被提拔为商业餐饮集团（Business Dining Group）执行副总裁时，他知道自己前路坎坷。

商业餐饮集团为爱玛客公司经营企业食堂和高管餐厅。竞争压力导致业务增长停滞，利润下降，董事会已经不抱任何希望。早先，董事长乔·纽鲍尔（Joe Neubauer）在介绍这位新执行副总裁时，讲了些让人难忘的、颓废的话："你知道

第3章 | 关 系
发挥集体效应，使整体远大于部分之和

我们对这项业务不抱多大希望，但我们希望约翰能维持好公司，做好守夜人。"

"我能感觉到我的脸涨红了，"约翰告诉我们，"让我做一个公司的守夜人，开玩笑。"

我仿佛看到了约翰迸发出了竞争的激情。

你说对了。约翰在爱玛客公司的两个副手埃德·伊万斯和杰克·多诺万与他有同样的感觉：他们都不满足于做一个守夜人。所以他们把领导团队召集到威斯康星州埃尔克哈特湖畔，那里有美国首屈一指的公路赛道。

到达埃尔克哈特湖畔的第一个下午，约翰向大家展示了可怜的历史业绩。他并没有谈及未来的目标，只在展示过后要求大家明早8:00在大厅集合，穿T恤衫、运动短裤、网球鞋。

搞体育竞赛？我最糟糕的噩梦！

它可能也是许多区域副总裁的噩梦，直到大家都上了一辆面包车之后，约翰才宣布了自己的意图。当他告诉大家即将进行赛车驾驶时，他们变得更加紧张，因为没人有过赛车驾驶经验。

然而第二天结束时，一些神奇的事情发生了。这组业绩不佳的区域副总裁们竟然互相击掌相庆。平素彼此之间很少讲话的一群人陶醉于集体体验。过去他们是一盘散沙,现在这些领导者们视大家为一个团队。

第二天早上,约翰把他们聚在一起,说:"好吧,你们一起分享了很棒的赛车体验,看到自己可以学习新事物,不必再用老办法做事情,明年你们想实现什么目标?"

挑战在这里出现了。

是的。经过一天的讨论,团队决定新一年的目标是实现销售额翻番,从3000万美元增长到6000万美元。最后他们狠狠地逼了自己一把,将目标锁定为1亿美元。这远远超出了约翰的期望。

约翰接受了他们的目标,随后提出另一项挑战:"我知道你们喜欢这种驾驶体验。如果我们实现了这些目标,明年我们还会来美国公路赛道,但驾驶不会只进行一天,我们将办一个为期三天的赛车培训班!"每个人都兴奋异常。

他们做得怎么样?

惊人的好。每个季度,当他们完成了预期的指标时,约翰会发出一封感谢信,连同送上一件赛车装备——第一季度

第3章 | 关　系
发挥集体效应，使整体远大于部分之和

是赛车手套，第二季度是赛车鞋，第三季度是赛车包，第四季度是个性化的赛车服。

年终，团队又来到了美国公路赛道，开始进行为期三天的赛车培训。这个时候，约翰为每名成员都准备了一顶定制的头盔，上面印有团队的标志。当他们再次进入赛道时，每一个人都整整齐齐地穿上了爱玛客赛车服、专用鞋、手套和头盔。

"在每个季度末都要创造更多的兴奋和期待，"约翰告诉我们，"很显然，是挑战将整个团队聚焦在目标上，我们实现了1亿美元的销售目标。最重要的是，我们打造了一支团队。大家开始彼此欣赏，希望并肩战斗。进而开始沟通思想，互相支持，因为他们懂得了分享的价值，也爱上了赢的感觉。"

对约翰的做法我很佩服。但以时速240公里的速度转弯让我心惊肉跳，就像让我步履艰难地攀爬珠峰或者潜入马里亚纳海沟一样可怕。有没有其他的挑战方式，让人有点小兴奋就好？

加强直接反馈和相互问责。这可能是挑战员工的最根本的方式，因为这样会让大家保持诚实。

坦白一下，在对员工进行问责这个问题上，我做不好。这是我最不喜欢的工作之一。

不只你一个人存在这种情况。只有7%的领导者精于此道。事情是这样的，大家都想为你、为同事努力工作，如果你不提供反馈，帮助他们成长，就相当于对他们造成了间接伤害。如果某人没有实现目标，你却没有对他进行问责，你对整个团队就造成了伤害。

在这个问题上，你不必唱黑脸。事实上，我们建议你本着帮助的精神来处理。当有人滑出了轨道,你要问她需要什么，怎样才能帮助到她。同时提供反馈和辅导，帮助她找到出路。如果她实在搞不定工作，就把她调离本岗位，重新安排别人接替她的工作。

如果你出色地招聘到了A级选手，你会发现团队中的大部分人会因为反馈而不断成功，他们也会向你提供反馈，甚至他们相互间会彼此问责，更上一层楼。一个有挑战的团队必将是一个忠诚的团队。

到目前为止，你已经给我举了很多正面的例子，有没有反面典型？

好，接下来的案例就是一个典型的反面教材。有一家大

第 3 章 | 关 系
发挥集体效应，使整体远大于部分之和

型零售商，其财务团队和运营团队之间的合作不顺畅。

"运营团队不听我们的，不管是命令还是建议。"首席财务官（CFO）说，"企业中不断发生的事情让我们措手不及。"财务人员和运营人员很少在一起进行操作审查。他们只知道自己部门内部发生的事情，却没有建立跨部门解决问题的讨论机制。

协调的链条一旦断裂，结果就会是灾难性的——公司破产了，而且是五年间两次破产。让一家公司破产两次，这真的很难做到。

第一次，财务部门给运营部门提供了过于详细的报表，但运营部门看不懂。事实上，资金都快用完了，运营部门的领导者们竟然没有发现，还向财务部门发了一通脾气；第二次，运营部门开支过大的行为违反了债务契约，让公司突然间再度破产。

这个团队缺乏协调，没有忠诚，不能共同努力，更不能挑战自己，实现卓越。关系运转失灵，他们为此付出了惨痛的代价。

我的理解是这样的： 欲实现关系的正常运转，领导者必须确保团队协调一致；团队成员忠诚于使命，忠诚于你的领导，

忠诚于彼此；大家都面临挑战，努力实现比他们的梦想还要大的目标。

没错，是这样的。有效的关系能创造强大的团队，强大的团队能实现非凡的目标。这就是你要成为全功率领导者的真正含义。

现在，准备好给你的R项打分了吗？

第3章 | 关 系

发挥集体效应,使整体远大于部分之和

为你的团队关系打分

在 1 ~ 10 的评分区间,我认为我们的 $R = $ _____

分值	描述	在描述你的关系的复选框内打勾
1	这个地方就像电影《苍蝇王》一样杂乱无章,一团混沌;我们没有取得优秀业绩的希望	☐
2	消防演练是家常便饭,我们处于被动而不是主动状态;不会共同进行绩效评价或共同解决问题;问题逐渐恶化,内部也不协调	☐
3	左手不知道右手在做什么;这是一个高度政治化的地方,我们浪费了太多的时间和精力	☐
4	很少有协调与问责;我们不通过实际业绩来衡量目标;高层领导说一样做一样	☐
5	一些关键的关系运转不畅,成员倾向于避免冲突;我们经常不同步,这影响了我们的业绩;没有人挑战我们	☐
6	我们开会,但我们在会上花时间是不值得的;我们各自为战,互不交流,这让我们蒙受损失;不是每个人都忠诚	☐
7	我们的关系相当不错;我们定期开会进行绩效评价;团队大多数时候能保持协调	☐
8	这里的关系很好,但还有提升空间;这里主要是精英管理	☐
9	几乎每种关系都运转良好;我们定期进行沟通,确保达成目标;我们能又快又好地解决问题,对自己的使命都无比忠诚	☐
10	无论是公司内部的各种关系,还是外部与客户和合作伙伴的关系都有条不紊;高层领导者言出必行;这里是真正的精英管理;正确的人在正确的时间进行对话;我们的会议高效高产,不是在浪费时间;由于我们的员工都无比忠诚,我们正在实现自己的目标;我们的团队是一台高效运转的机器	☐

CHAPTER 4

第❹章

等 于

PWR 分值的计算与提升

810 分的直觉公司年收入 40 亿美元,市值增长率 100%;504 分的金考快印公司年利润 2 亿美元,投资回报率提高了 3.5 倍;创业者杰夫将公司得分从 60 分提升至 729 分,公司营业收入 4 年增长了 7.5 倍。提高你的领导力分值,你的业绩也会随之水涨船高。

第 4 章 | 等 于
PWR 分值的计算与提升

铁人三项比赛结束了！三个阶段我都有得分。接下来呢？

将 P 项、W 项、R 项的分值相乘，得出你的 PWR 总分值。

完成了！

然后问问自己，"我们该如何提高分值？"

PWR 分值可让你了解自己需要做什么。就像如果你不喜欢当前的体重，你需要多加锻炼或节食，抑或是双管齐下。至于你的 PWR 分值，你应该将其提高至 729 分以上。

为什么又是 729 分？

因为 729 分意味着你对自己的 P 项、W 项和 R 项都打 9 分。

这是你需要达到的分值，这样的分值意味着事情在每一个维度都进展得很好。

1000 分不好吗？

正如我们前面所说，1000 分不是一个实际的目标。事实上，我们从来没有见过哪位领导者实现过这一目标，但在我们已经结识的人当中，部分领导者往往可以达到 729 分或更高一级的水平。他们是排在前 1% 的明星级领导者。

我想如果让团队来参与 PWR 打分，一定会很有帮助。为了实现这一目的，我该如何进行 PWR 对话？

最近，我们与一位了不起的领导者雷吉·比莎（Reggie Bicha）以及他的团队进行了一场 PWR 对话。雷吉管理科罗拉多州政府社会服务部，这是一个拥有 5000 名员工，年预算达 25 亿美元的部门。由于不断关注社会弱势群体，尤其是受虐待儿童、贫困老人、退伍军人及有精神健康问题的人群，雷吉和他的团队赢得了该领域的诸多奖项。

不久前，雷吉听说了 PWR 对话，特邀我们前去与他的团队做一次实践。雷吉的事业意义重大，我们很乐于为此贡献出一些时间。从外观上看，雷吉的办公楼很容易被误认为

第 4 章 等 于
PWR 分值的计算与提升

是政府大楼。那是一栋 20 世纪 70 年代的建筑,灰暗、陈旧,需要重新粉刷。走进一看,开会的房间更像是一间小学教室,墙上挂着一个圆形大钟。

在我们进门的左手边摆着托盘,上面放着甜甜圈、饼干和胡萝卜。雷吉的团队提前 10 分钟就到场了。他们看起来就是你应该想到的那种从事社会服务、做好事的一群人,但是他们有一种紧迫感。随后,雷吉提前 5 分钟赶到现场。

雷吉是一个身高 1.82 米的黑人男子,留着整齐的山羊胡子,他轻快地从门口走进来,看到自己的团队,脸上露出了温暖的微笑。但他的眼中同时也充满着一个肩负使命的男人应有的执着。

雷吉懂得什么叫艰难。他在一个充满贫困和虐待的社区里长大。他认为自己的邻居需要得到帮助,从而过上更好的生活。因此,在读大学本科和研究生时,雷吉一直致力于社会服务事业,在这一过程中,他清楚地了解到,自己的"客户"在过着一种什么样的生活。

走出校门后,雷吉的第一个客户是一个名叫布列塔尼的小女孩。她是家里六个孩子中最小的一个,父母嗜酒成性,彼此暴力相向,孩子们看不到自己的未来。作为一名儿童保护工作者,雷吉把布列塔尼带进了孤儿院。但是当他看到布列塔尼在见到母亲时满眼痛苦、泪流满面时，他知道一定要找一个更好的办法。

"我记得布列塔尼的表情，"雷吉说，"我记得它本不应该是这个样子。我来到这个世界，就是为了改变众多像布列塔尼和她的家人一样的群体的命运。"

对雷吉来说，团队的成功或失败就代表着生存或死亡。

对话是怎么展开的？

我们的同事凯瑟琳·德斯蒙德（Katherine Desmond）是那次对话的主持人。她首先让雷吉的团队思考，他们是否在全功率运行？

凯瑟琳又补充问道："当一个团队全功率运行时，看起来或感觉起来像什么？"

雷吉的团队成员纷纷发言，"当任务清楚，每个人都知道自己应该做什么的时候，就是在全功率运行。""对我来说，全功率运行就是看着自己的同事，从中找不出坏家伙，能成为这个特殊团队中的一员，我会感到由衷的自豪。""感到大家同舟共济，没有人在浪费时间，一切都很有效率。""气氛活跃。"

一位身着海军运动外套的男人大声说道："我想全功率运

… 第 4 章 | 等 于
PWR 分值的计算与提升

行不仅仅是满足最低要求,团队要一起来达成目标。"雷吉接着说:"是的,对我来说,全功率运行意味着要做就做到最好。对我们而言,这意味着为科罗拉多州境内的孩子和家庭提供最大的帮助。"

凯瑟琳问:"你们的 PWR 得分是多少?"大家好像不太理解她的意思,由于搞不清状况,大家你看看我,我看看你。

"让我们来计算一下这个团队的 PWR 得分,"凯瑟琳继续说道,"请大家拿出一张纸和一支笔。请用大写形式把这几个字母写下来:P、W 和 R。"

- P 代表优先事项——我们有正确的优先事项吗?
- W 代表用人——我们有正确的人选吗?
- R 代表关系——我们有正确的关系吗?

凯瑟琳继续说道:"请按从 1 分到 10 分这个评分区间,给每一项打分,1 是最低分,10 是最高分。请花几分钟时间独立完成。"

当大家都把笔放下时,凯瑟琳说:"基本差不多了。现在把这三项得分相乘,这就是你们团队的 PWR 得分。"

会议室里的能量在发生变化,好像气压突然下降。由于有人挪动身体,大家能听到椅子发出的吱吱声;也有人紧张地笑了笑。

"好了,大家都把自己算出的分数举起来。对,就像奥运会,或与明星共舞一样。满分成绩是1000,你们这个团队的分数是多少?"

280
343
448
180
512
360
315
……

有两个人举起的分数都是432分,他们只是痴痴地笑。

大家紧张地看着雷吉。雷吉意味深长地吹了一声口哨。

"虽然我们这个团队赢得了许多奖项,我们对自己的工作感觉良好,但是很明显,我们认为自己距全功率运行还有很长一段距离。"

第4章 等 于
PWR 分值的计算与提升

很显然，由于 PWR 得分不高，他很失望，但他没有因为分数低而恼火。后来他对我们说："失望是因为整个团队对工作都十分关心，大家希望我们的影响力更大一些。"

雷吉转过身来，向两位同样给出 432 分的同事说："你们都给了 432 分。那么在 P 项、W 项和 R 项各是多少分？"

第一个人说："在优先事项（P）方面，我给了 8 分。我认为我们在将使命与实现目标和期望相关联方面，已经做得很好了，对吧？"周围的人都在点头。"但是在我们组织内部的用人（W）方面，我只打了 6 分。很多时候，我们感觉到在招聘和使用合适的一线主管方面显得很吃力，这已经对我们造成了伤害；在关系（R）方面，我打了 9 分，我认为组织中的每个人都能忠诚于自己的工作。我们都相处得很好，沟通得很好，我们的眼睛都盯着那个重要的业绩指标表，所以大家表现如何，我们都一目了然，没有神秘感。"

第二个给了 432 分的人说："我也打出了相同的分数：P 项 8 分，W 项 6 分，R 项 9 分。但我的想法是我们的优先事项可能太多了，我们在不重要的事情上浪费了时间。这就是我打 8 分的原因。对于用人，我承认我们似乎招聘到了合适的主管，他们能在一线与普通员工一起工作，但因为某些原因，招聘来的主管并非真的靠谱。所以我猜想用人项可能是我们最薄弱的领域,特别是现场主管和经理级别的用人问题。关系项看起来没问题。我们定期开会,不断跟进指标表,各种关系运转良好。也许我们可以再逼自己一把,我们在这里花费的时间太多了,我们要更多地关注有具体场所的普通事件的进展情况。"

经过大约 40 分钟的深入讨论,大家对自己打分的理由都做了阐述,并提出改进措施,凯瑟琳接着进行了总结:"目前三件事是明确的。第一,这个团队真的想提高 PWR 得分;第二,你们目前的打分与你们所给出的理由非常一致;第三,你们在 P 项、W 项和 R 项三个方面提到了关键性的问题,并揭示了阻碍团队全功率运行的具体原因。"团队成员纷纷点头表示同意。

这场与雷吉和他的团队的对话是如何结束的?

在凯瑟琳做完总结后,雷吉对他的副手尼基(Nikki)说:"那么,我们接下来要做什么?"

尼基翻开记事本说:"三件事。第一,听起来好像我们应该要把一线主管的招聘和管理列为优先事项;第二,听起来好像我们需要让苏珊和迪恩一起来制订一项计划,加强我们在优先事项上的沟通和信息传递;第三,我们应该定期进行PWR对话，进行自我检查，跟踪工作进度。然后把我们的PWR得分列入指标表，每月一次的高层领导例会都要监测和讨论这些指标。"

团队一致同意，雷吉宣布会议结束。走出会议室前他转身对我们说："谢谢你们。这一次的PWR对话真的是条理清晰。有件事我不想公开说出来，两个月前，我们到外地开了一次为期两天的战略规划会。我要告诉你，"雷吉指着墙上圆圆的大挂钟，"在刚刚过去的55分钟时间里，我们通过PWR对话取得的成效要比那两天的战略规划会取得的成效大得多。"

也许他仅仅是为了表示友好。

是的，也许。但我们有信心让你与团队进行PWR对话所花费的时间物超所值。

好吧，给我指明方向吧。

下面是一个简单的脚本，可以让你的第一次PWR对话简单易行。

1. 我们是在全功率运行吗？（5分钟）要求你的团队描述全功率运行是什么状态。他们会告诉你在他们自己的职业生涯中,事情进展顺利时是如何的"春风得意",以及事情进展不顺利时又是怎样的"举步维艰"。

2. 我们有没有正确的优先事项?(2分钟)可以不泄露他们的答案,要求他们按1~10分给团队的优先事项打分,要提醒他们,得到满分的优先事项需要具备以下特征:

- 以更有说服力的方式与使命关联;
- 正确并可能产生正确的结果;
- 表述清楚,人人可懂。

3. 我们有合适的人选吗?(2分钟)按1~10分给团队成员的工作能力打分,如果分数较高,说明团队里大多是A级选手,即可以完成优先事项的员工。让他们思考团队在哪些地方做到了以下几点:

- 进行诊断,有明确的方案来弥补差距;
- 在合适的职位部署合适的人选,有合适的招聘机制,为团队选拔A级选手;

第 4 章 | 等 于
PWR 分值的计算与提升

- 发展团队，确保他们可以发挥自己的优势，同时为未来发展练就新技能。

4. 我们是否有合适的关系？（2 分钟）按 1~10 分给关系的运转情况打分，只有为数不多的、有战斗力的、能创造非凡业绩的团队才能得高分。让他们思考一下你的团队成员是否做到了以下几点：

- 协调。正确的人在正确的时间互相交流，分享关键信息，检验指标表；
- 忠诚。团队相信使命，相信你的领导，一路上彼此支持；
- 挑战。团队成员工作积极性高，并挑战别人做最好的自己。团队相互反馈，相互问责。

5. 现在，把你的 P 项、W 项和 R 项的得分相乘，把结果醒目地写在一张大纸上。(1 分钟) 提醒他们相乘得出的 PWR 得分应该是介于 1 和 1000 之间的一个数值。如果有必要，他们可以使用计算器。

6. 数到三，大家一起把 PWR 得分展示出来。(3 分钟）看到每个人都举起数字后，给大家一分钟时间，相互看看分数。通常，他们看到其他人的分数时会感到很惊讶。这很好。下一步，从你的团队中找出一个人，把所有 PWR 得分写到白板上。如果需要，也可以把单项得分单独写下来。

7. 现在有了不同的 PWR 得分，让我们来看看为什么每个人会给出这样的分数。（30 分钟）现在要主持一场对话，探索不同得分背后的原因。从较高的分数开始。他们为什么会给出这样高的评分？然后，逐渐过渡到一些较低的分数。他们看到了什么样的改进机会？

8. 讨论一下接下来的工作。（10 分钟）决定你将如何根据 PWR 对话中听到的信息确定优先事项，你将把关键任务分配给谁，你将如何跟踪和测量结果。

9. 90 天之内，还要进行一场 PWR 对话。你可以选择一个较短的时间间隔，例如每月一次，如果你的行动够快。但对大多数团队而言，每季度一次还是可行的。

10. 感谢团队的参与和帮助，让你得以率领团队全功率运行。

第 4 章 等 于
PWR 分值的计算与提升

受益匪浅。我知道自己要为什么而努力了,但全功率运行是一种什么状态呢?

看看吉姆·古德奈特领导的赛仕公司。据我们所知,在吉姆的领导下,赛仕公司自创始以来大部分时间都在全功率运行。我们曾经有机会参观了位于北卡罗来纳州凯里市的赛仕软件研究所。整个园区看起来像个乌托邦。

乌托邦?

是的,乌托邦。"连绵起伏的山坡上,点缀着太阳能电池板和毛茸茸的羊,它们高兴地吃着草,一旁的太阳能电池板为公司提供清洁能源。"此场景犹如乌托邦!

"家长们围坐在餐台旁,享用着自产的有机甘蓝沙拉,旁边是一群欢笑的孩子,他们就在园区内的学校上学。"此场景犹如乌托邦!

"科幻电影《钢铁侠 3》中的总部拍摄就取景于赛仕公司总部。"此场景犹如乌托邦!

我竟然从来没有听说过这家公司。

没听说过的人不只你一个。多年来,该公司一直被《财富》杂志评为"最佳雇主"。但由于该公司是一家私有企业,很少有记者和外人对它有所关注。所以它不可能像苹果和谷歌一样，经常出现在新闻里。这是一家吸金公司。自1976年吉姆创立赛仕以来，公司一直保持盈利，并且年年增长。年营业收入已从创立之初的13.8万美元增长到超过30亿美元，它现在是世界上最大的独立软件公司。

好吧，太让我震惊了。他们是怎么做到的？古德奈特博士的秘密是什么？他一定是世界上最有魅力的领导者！

不，他实际上是个讲话轻声细语的人。但是他在制订优先事项、用人和协调关系方面都有诀窍。

首先，我们会给他的P项打10分。近40年来，他一直专注于一个核心产品集的创新。事实上，他唯一的优先事项是让赛仕研究所引领数据和分析的创新潮流。所以他决定每年将收入的25%投入研发，这是一个令人惊讶的数字。他经常与客户互动，既有私下进行的，也有通过赛仕全球论坛进行的。赛仕全球论坛相当于客户管理会议，也是赛仕软件用户最大的年度聚会。他鼓励客户通过网上投票的方式为赛仕未来的软件开发提出建议。赛仕公司将客户的建议进行优先排序，提供产品，满足需求。

其次，我们给吉姆的W项打了9.5分。正如我们前面交代过的那样，他招聘了天资聪慧的员工，给他们创造了很多学习和成长的空间。当有的领导者对某项任务力不从心时，吉姆会立即重新安排他们的工作，这样他们在其他的岗位上就还可以是A级选手。吉姆的团队是我们见过的最有才华的团队之一，他们因在赛仕工作而倍感自豪。

最后，我们给他的R项也打了9.5分。吉姆制订了可行的汇报频率，不断审视战略和目标。他召开全公司的视频会议，沟通优先事项，安排工作进度。他还定期安排主题为"与吉姆喝咖啡"的小型会议，与员工交流。

不仅如此，你听说过"走动管理"吗？对，吉姆就住在公司的园区里。他就在大家的身边！他创造了一个开放、合作和相互问责的环境，让员工们能敞开心扉，说出他们的真实想法。赛仕的内部关系运转良好，他的团队无比忠诚，有业绩为证。

赛仕公司PWR得分是 $10 \times 9.5 \times 9.5 = 902.5$ 分。公司绝对是在全功率运行。

72岁的吉姆·古德奈特并没有放慢工作节奏的打算。尽管他和他的团队创建的这家公司业务复杂、规模庞大，但他似乎不知疲倦。他说："我非常喜欢这份工作。我喜欢客户、产品和员工，喜欢这里的一切。"

我也应该那样爱自己的工作。

完全应该。那些全功率运行的领导者与还没有全功率运行的领导者相比,更爱自己的工作。

还有别的全功率运行的故事吗?闪电有可能两次劈中同一个行业吗?

有可能的。直觉公司是另一家全功率运行的软件公司。我们个人也比较欣赏斯科特·库克本人和直觉公司的产品。

直觉公司开发了财捷会计软件(Quicken)。自从我们用它来管理我们的家庭财产后,就几乎从未在钱的问题上与爱人发生过争吵!财捷会计软件帮助我们设定财务目标,跟踪自己的支出和预算,而且很容易上手。

直觉公司还开发了速达财务软件(QuickBooks),斯玛特顾问公司从成立之初就一直用这款财务软件。杰夫回忆起当时用速达财务软件打印公司第一张发票时的情景:"简直就像变魔术!你完成了客户交代的工作,登录进入速达财务软件,把发票打印出来,给客户送过去。如果客户对你的工作感到满意,就会向你付款。"杰夫非常迷恋这款软件,他过去常常在发票顶端打上自己给客户的感谢信。

当我们开始做这次专项调研时,我们联系上了斯科特,

第 4 章 等 于
PWR 分值的计算与提升

告诉他我们是其产品的超级粉丝,我们希望听他讲讲自己的故事,看看是否符合本书的主题。

你们与他见面了吗?

是的。斯科特很棒,他还建议我们去采访他的现任 CEO 布拉德·史密斯,布拉德同样是一位令人印象深刻的领导者。

斯科特在 1983 年创立了直觉公司。此前他曾先后就职于宝洁公司和贝恩公司。为更好地帮助人们管理财务,他开发出了一款简单易用的产品。斯科特告诉我们:"我创办企业的目的是让人们的生活更美好。"

我喜欢这种态度。他听起来像是一位伟大的领导者。

没错。斯科特谦虚友善。他的 CEO 布拉德告诉我们:"当斯科特做自我介绍时,他会告诉你他在山景城的一家软件公司工作,不会公开说自己是直觉公司的创始人。"

那么,直觉公司的秘诀是什么呢?

直觉公司的秘诀是始终关注客户,致力于打造一家只把几件事做好的公司。

我们可以给直觉公司的优先事项(P)打 9 分。

就在直觉公司的事业开始真正起飞之时，斯科特决定总结提炼公司的使命和价值观——先解决"为什么"的问题，再来确定优先事项"是什么"。

"当我们过去还是小公司的时候，"斯科特告诉我们，"每个人都有机会和我一起工作，都知道我最看重什么。当我们有500名员工时，那就变得不可能了。此外，我们还在快速成长，这使得提炼团队的价值观难上加难。"

今天，直觉公司以8个核心价值观为指导：

1. 诚信为本；
2. 关怀回馈；
3. 大胆敢为；
4. 热情执着；
5. 果断成事；
6. 快速学习；
7. 实现共赢；
8. 产品至上。

不仅如此，直觉公司还非常善于表达和传递优先事项"是什么"。这包括有勇气在市场发生变化时调整优先事项。

第 4 章 等 于
PWR 分值的计算与提升

CEO 布拉德回想起其中的一次改变时说道:"移动终端正在成为我们的一个大问题。我记得有一天,我们对全公司进行播报,说我们感觉自己像站在棒球场内的足球冠军。"

他那么说是什么意思?

市场发生了变化。他们之前是开发台式电脑软件的大师,但现在一切都在走向移动终端。"我们穿着错误的制服,不明白新的游戏规则。"布拉德说,"我们即将翻开自我成长的新篇章,所以不得不把规则(移动互联服务策略)搞清楚。"

听起来像是直觉公司走到了发展的关键时刻。

是的。在意识到自己的优先事项不正确之后,他们没有沿着老路继续走下去,而是提出了新的优先事项,这些优先事项正确、清楚,且与使命联系紧密。

对团队有什么影响吗?

新的优先事项迫使斯科特和布拉德不得不重新审视自己的队员。布拉德说:"为了让正确的人扮演正确的角色来执行我们的新战略,结果有 71% 的领导者的工作发生了变动。"这是一个很大的变化,但他们勇敢地做到了。

直觉公司的用人项（W）得分本来应该不高，但由于他们能在战略改变时集中精力做出人员调整，让合适的人坐上了合适的位置，我们给直觉公司的用人项打了9分。

关系项（R）怎么样呢？他们取得成效了吗？

根据优先事项（短期、中期或长期）的紧迫程度不同，直觉公司设置了不同的汇报频率。

直觉公司一直遵循着一个由"高科技营销魔法之父"杰弗里·摩尔（Geoffrey Moore）提出的创新方法——地平线规划。正如布拉德解释的那样，"每位领导者不但要保证他目前的业务走在正确的轨道上，还要为下一步或下两步提前谋划。针对这三层不同的地平线，我们的资源投入比例分别是60%、30%和10%。

"事实证明，喜欢关注第一层地平线的人就像是常春藤盟校的赛艇队员。他们喜欢待在高度系统化的组织里，步调一致地向前划桨。那些在第二层地平线上的人一般都热衷于激流泛舟，他们是肾上腺素上瘾者，喜欢享受漂流带来的刺激。虽然会撞到岩石，从船上摔下来，但他们会紧紧抓住彼此，努力向前。那些在第三层地平线上的人一般都是求知好学、研究探索型的员工，他们在寻找沉没的宝藏。他们潜入深海十次,有九次空手而归,但偶尔也会带上来数目不小的黄金。针对这三种不同的情况,我们匹配不同的人员,调动他们的激情。"

就这些?这就是大秘密?

不仅如此,他们还跟踪指标。斯科特热衷于有明确目标和指标的商业计划。他说:"公司的每次管理会议都从关键指标开始。我们会商讨哪些指标重要,以及我们在这些指标上做得怎么样?"

最重要的是,直觉公司的领导人都能够率先垂范。布拉德说:"我们低调,是因为斯科特行事谦卑;我们慷慨、谦逊,是因为我们的董事长比尔·坎贝尔(Bill Campbell)慷慨、谦逊;我们作风严谨、执行力强,是因为前任 CEO 史蒂夫·班尼特(Steve Bennett)就是一个模范执行者。我们从他们身上学到了诸多优点,并在努力塑造他们创建的企业文化。"

直觉公司的领导者还不断地鼓励和挑战他们的团队。布拉德说:"作为领导者,我们的工作不是把卓越强加给他人,而是认识到卓越的存在,创造环境,成就伟大。在直觉公司,这就是引导我们的管理哲学。"

我们给直觉公司的关系项(R)打 10 分。

直觉公司的 PWR 得分是 9 × 9 × 10 = 810 分。对吗?

正确。在布拉德的领导下,公司收入已经从 30 亿美元增长到超过 40 亿美元,公司市值翻升了一倍。

好的,我认为,从定义上看,超级巨星都是"超级棒"。但是你自己说过大多数领导者距全功率运行还有很大一段距离。那通常会是什么样子?

刚开始"起跑"时,大多数领导者都不会带着团队"全速前进",这是正常的。借助 PWR 对话,计算出你的 PWR 得分,然后再判定需要做哪些工作来提高自己的得分。

金考快印公司(Kinko's)是一家跌倒了后又爬起来的大公司。公司内部的一场冲突几乎毁了金考。我们先看看到底发生了什么事,其领导者又是如何提高 PWR 得分的。

1970 年,保罗·奥法里(Paul Orfalea)创办了金考。公司当时只有一台复印机,被战略性地放置在圣巴巴拉市加利福尼亚大学附近的人行道上。奥法里决定采用一种独特的架构来拓展业务。他没有开直营店,也没有发展特许经营,而是与 127 家门店的经理构建了个人合作关系,因此,每家金考都独立运营。门店经理自己决定销售什么、如何销售、如何定价、如何管理客户服务。在公司成立初期,这是一个力

第4章 等 于
PWR 分值的计算与提升

量的源泉，但当金考有数以百计的门店时，这就变成一个开放的伤口。

后来，私募股权公司克杜瑞（CDR）收购了金考大约三分之一的股权，他们认为，如果金考把每家门店都统一管理、统一运营，要比让每家门店各自为战更为成功。他们让创始人奥法里留任董事会主席。

我能看到问题来了。

你是对的。奥法里希望坚持原来的优先事项，即让门店经理独立经营。但公司的大股东希望整个公司能有一套集权型的、由他们控制的优先事项。所以现在和过去的 P 项相互排斥，鱼和熊掌不可兼得。

我们采访了金考的前人力资源总监保罗·罗斯特（Paul Rostron），他亲眼看到了这场冲突。他对我们说："我初到公司的前一年半到两年的时间里，我们花费了大量时间在这个问题上吵来吵去。当时 P 项最多能得 2 分。"

更糟的是，保守的创业元老们也希望门店保持自治，这与新股东的想法直接冲突。难怪，当时 W 项的得分也就是 5 分左右。这些反对者们可能是天才，但他们坚决不合作。

可以想象，不清晰的优先事项、一群乱哄哄且不靠谱的经理人、整日人心惶惶，使关系处于无效状态。当时 R 项的得分不超过 2 分。

所以金考快印公司的 PWR 得分是 2 × 5 × 2 = 20 分。

太乱了。但是金考没有失败。它是怎么挺过来的？

他们首先解决了优先事项（P）问题，几乎也同时解决了用人（W）问题。

让我猜猜，克杜瑞公司的最终态度非常坚决。

是这样的。他们将自己的一名运营合伙人任命为临时 CEO，着手查找问题的根源，很快他们意识到必须结束这种竞争性的优先事项。他们从奥法里手中买断了公司，把他从公司请了出去，然后聘请了一位新的 CEO，并将业务从南加利福尼亚转移到达拉斯。"只有这么做，我们才能完全重建管理团队，"人力资源总监罗斯特说，"最后，我们采用一种新的商业模式，摒弃了门店自主经营的业务模式，推行网络统一管理，实现价值最大化。"

在战略上达成统一后，明确指标，落实到位，有力地推动了优先事项，P 项得分攀升至 9 分。"我们完成了转折，公司华丽转身。"罗斯特解释说。

第4章 等于
PWR 分值的计算与提升

他们如何提高 W 项得分？

新任 CEO 和管理团队开始从已经拥有 1200 家门店的业务网络中招聘与公司战略相匹配的领导者。罗斯特说："围绕我们的高层管理人员，我们进行了大量分析，发现那些具有最优领导基因的人对公司的贡献胜过那些拥有最强大脑的人 2 倍；同时具有领导基因和智慧的人对公司的贡献是平均水平的 4 倍。在关键岗位上，我们尽可能多地配备了这样的人。"整个公司的 W 项得分已攀升至 9 分，目前还在上升。

关系运转起来了吗？

已经开始运转。会议、指标表、计分表以及跟进措施基本协调，频率适合，高层领导者能直接看到基层管理者的业绩表现与预期相比有没有出入。"这一切归根到底是为了让我们的目标更加明确，"罗斯特说，"一旦我们达成统一，就可以招聘一支合适的领导团队，让他们重点关注优先事项。当目的明确后，方向上会更加一致，行动上会更加忠诚，公司就成了一个自我强化的体系。"

虽然改掉旧习惯花了一些时间，但 R 项的得分已攀升至 7 分。因此，金考的 PWR 得分从较低的 20 分升至 504 分（$9 \times 8 \times 7$），在这个水平上，团队可以稍微庆祝一番了。

结果呢？他们在财务上表现得怎么样？

罗斯特接手工作时，公司的利润是 1 亿美元，并呈下降趋势，公司处于动荡状态。经过改革，利润达到了 2 亿美元，同店销售增长率提高了 3 倍，员工满意度明显提升，客户满意度指标也上去了，而投资回报率是之前的 3.5 倍。每个人都收获了成功。

有没有初创企业的案例？这样的企业风险高。

杰夫·布斯（Jeff Booth）是一个很成功的例子，他实现了 PWR 从低分到满分的转变，随着得分的提高，他的事业也水涨船高。

杰夫是一位加拿大企业家，经营一家建材供应企业。行业的低效率简直要把他逼疯了。在为一位客户建房时，由杰夫的公司提供的地板材料没能按时到货。他不得不让客户把所有的家具放到仓库里，然后一家人住进小镇另一端一个拥挤的旅馆里。客户的妻子和孩子都很生气。

杰夫说："作为建筑商，如果你的供应商守信用，那你可幸运了。在大多数情形下，你会被他们踩躏，因为他们掌握了足够的筹码。你不但要推迟工期，还要比在正常情况下付更高的价钱。

第4章 等 于
PWR分值的计算与提升

"坦白地说,我们开始时的PWR得分非常低,我们还是用老办法批发建材,效率真是太低了。

"基于我们的业务模式,P项只得了3分。我曾从儿时的玩伴中招聘了一些人,虽然他们能安心工作,但解决不了供应链中出现的任何问题。我的W项得了4分。员工的工作时好时坏。我认为他们不知道自己的目标是什么,相互间没有很好的沟通。那是我的错,也是他们的错。我们做事情事倍功半,工作效率极低,我给自己的R项打5分。

"所以$3 \times 4 \times 5 = 60$。我们的PWR得分只有60分,差940分才到满分。公司的优先事项不突出、用人不准确、公司内外的关系没有什么特别之处。事后看来,当时没有盈利也不足为奇。"

那真是太糟糕了!

这是一个垫底的分数了,但杰夫并没有屈服。

这个不成功引发了杰夫新的职业目标,他决定要彻底改变建材供应行业,以帮助最终客户和他们的建筑商获得质高价廉的建筑材料,并确保不超预算。

"对于如何处理这个价值5000亿美元的建材市场,我和我的共同创始人及朋友罗伯特·班克斯(Robert Banks)规划

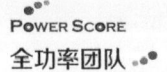

了一个很大的愿景。开始时公司只有我们两个人,我们认为自己可以包办一切。事实证明,我们的愿景是正确的,但解决问题的方式是错误的。"

发生了什么事?

杰夫和罗伯特开始从 P 项入手。"我们的目标是改变这个行业,"杰夫说,"我们想打造一条新的渠道,减少行业的混乱和摩擦。"

杰夫意识到,他可以与主要供应商建立关系,通过互联网直接向买方提供建材,摒弃所有的中间商。正是这些中间商让杰夫多次因错过交货期而彻夜无眠。省去中间环节可以确保及时发货,按时到货。

他重新修订了整个商业计划,并将公司更名为布迪来(BuildDirect)。他只做地板类建材,这样就可以直接与生产商建立关系。杰夫说:"我们的 P 项从 3 分上升到 9 分。"

他的那支老团队适应这些新的优先事项吗?

不适应。一个偶然的机会,一位朋友建议他读一读《聘谁》这本书。"这本书让我眼前一亮,"杰夫说,"我意识到我需要换人。我周围的人要有彻底颠覆这个行业的使命感,而且我们需要与现在不同的、全新的技术组合。新计划的重点是控制执行风险,而执行风险基本上是人的风险。"

他做了什么?

他为整个公司建立了计分卡,然后开始招聘与以往类型完全不同的员工。"我不再招聘传统行业人员,而是招聘数学家和程序员,"他说,"我们不打算沿用 4000 年来的方式来提高这个行业的效率。我们需要用更多的互联网技术来构建一个交易平台,寻找交易对象,还需要应用大数据找到正确的建材和正确的报价,按预算价格、按约定时间向建筑商交货。结果,许多习惯于用传统方式做事的员工离开了团队。这是一次与传统的彻底背离。"

一家建材供应公司招聘程序员和数学家?这很奇怪。

这也许很奇怪,但鉴于杰夫想要实现的优先事项,这也顺理成章。他想通过互联网实现建材买卖的自动化,通过削减中间环节来降低交易成本。

布迪来公司新招来的数学天才们进行了科学的分析,创建了专门的算法,使公司不再是市场的受害者,而成为市场的控制者。他们对集装箱船进行有效协调,保证指定产品以指定价格到达指定地点；他们与制造商共享数据，保证制造商可以在正确的时间生产更多正确的产品；他们实际上是在制造市场。所有这一切都为客户创造了巨大的价值。

杰夫说："在接下来的几年里，我们的 W 项得分从 4 分提高到 9 分。"

那么，招聘到了新人之后，接下来他又做了什么？

他把注意力转向了 R 项。他的团队与外部合作伙伴建立了重要关系，向他们反馈他们需要的数据，使市场更有效率。但最大的问题还在内部。虽然他已经有了正确的 P 项和 W 项，但关系并没有按他的设想正常运转，这让他陷入了思考。

"我发现《聘谁》中有一个问题威力强大：'如果按 1～10 分来打分，你的老板会给你打多少分？'我们发现，你可以带上那些前任老板打 10 分的人，然后把他们扔到月球上，他们会为你创造一个文明。而那些只得到 4 分、5 分或 6 分的人，在出现问题时，总是怪罪他人。令人惊奇的是，他们没有意识到问题就出在自己身上。"杰夫说，"这让我思考。在生活的各个方面，我都是一个 10 分选手吗？说实话，在关系上我能得 10 分，但在业务上我做不到。公司运营时好时坏，我可以说这是他人造成的，或把责任推给老天，也可以说是我的

第4章 等于
PWR 分值的计算与提升

所作所为导致了这一切。那一刻的顿悟让我意识到，我还没有帮助和发展我的团队，让他们如我所期望的一样成功。"

他做了什么呢？

他设立了碰头会议事制度。

"我们在碰头会上庆祝好消息，审视经营状况和关键业绩指标，分析员工在什么地方陷入了困境，询问他们的感受。"杰夫说，"从碰头会制度中，我发现如果你想创建一个学习型组织，就必须花时间讨论员工在什么地方陷入了困境，并想方设法帮助他们走出困境。领导者很自然地会因为员工不知道应该做什么而对其进行惩罚。如果你也那样做，你永远不会在碰头会上听到他们谈论自己的困境。你要感谢这些错误和困境，并从中学习。你必须对这些困境做深入的讨论，这样才能帮助员工走出困境。你必须为大讨论创造一个安全的环境，远离办公室政治。在我们的模式中，如果你没有时常陷入困境，说明你没有付出足够的努力。"

我能想到在碰头会上杰夫如何协调和挑战他的团队。这对他的 R 项有提高吗？

发生了一件真的很奇妙的事情。还记得前面提到的他写计分卡的事情吗？他把计分卡交给了团队，他们真的认真对待了。杰夫说："在大多数公司，你会看到在预算编制过程中，人们会强加任务指标。在这里，我们的团队都是 A 级选手，他们渴望成功，所以我们看到他们自己把目标定得更高。我必须问他们，如何规划计分卡，让自己实现目标。每一步都雄心勃勃，积极进取的势头有增无减。我们有优秀的领导者，他们希望通过碰头会的形式展开讨论，发起挑战。通过这种形式，大家的步调高度一致，取得了良好的绩效。我们的 R 项从 5 分提高到 9 分。"

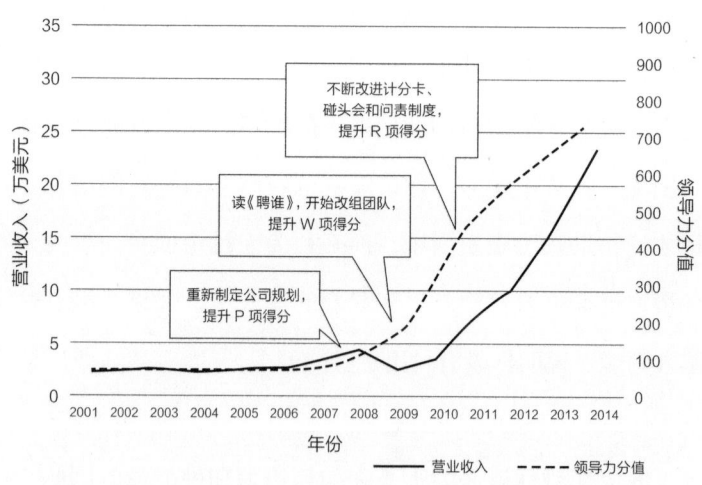

图 4.1　杰夫·布斯的领导力分值与营业收入（2001—2014 年）

数据来源：杰夫·布斯

第 4 章 | 等 于
PWR 分值的计算与提升

对此我们深信不疑。当杰夫的 PWR 得分从 60 攀升至 729 分时,他的营业收入从 2000 万美元(他十多年来一直维持在这个水平)攀升至 1.5 亿美元(用了 4 年时间)。目前,该公司仍在高速成长。

更重要的是,客户不必因为工期延误而住在拥挤的旅馆里过夜了。他们可以按期搬入梦想的新家,睡在自己的床上。

成为像那样的成功团队的一员,会是什么感觉?

从杰夫那里看,感觉好极了。杰夫在温哥华有一处新的办公地点,我们最近到那里拜访了他。杰夫在一楼大厅迎候我们,他对我们说:"公司现在像坐上火箭一样快速成长。对我们所有的人来说,这都是最令人惊奇的体验。"

布迪来公司占据了这座新大楼的两层和毗邻大楼的全部。当杰夫带我们在办公区走动时,员工们在电脑屏幕前抬起头,站了起来,面带微笑,和杰夫击掌庆祝。你可以看到,有一支这样的团队,他是多么骄傲;能成为团队的一部分,员工们有多么自豪。他们都知道,他们正在对世界产生积极的影响,这是最好的一种成功。

结 语

现在轮到你了

我们希望 PWR 对话将成为你和团队做的最有用的事。我们知道，从 PWR 得分情况，你可以深入了解自己需要做什么来提高领导力和增加成功的机会。最后，我们希望你能率领一个充满力量的团队全功率运行。

正如你看到的，本书中描述的很多领导者其 PWR 初始得分都很低，但通过采取有效措施，他们都实现了团队的全功率运行。他们设定了明确的优先事项，笼络到了合适的人才，并努力促进关系正常运转。

想象一下，当每个人都率领团队全功率运行时，生活该有多么的美好。

全功率运行的公司能为客户提供更有价值的产品和服务，使我们的生活更美好。他们为员工创造更多的理想就业机会，为投资者创造更多的财富，为政府创造更多的税收。

全功率运行的政府能够将税收转化为更有价值的服务和成果，提高公民的生活质量。

全功率运行的医院能拯救更多的生命，在我们生病的时候能提供更好的医护服务。

全功率运行的学校能让更多的孩子成为社会的生产力，并承担更多的领导工作。

全功率运行的领导者能提高我们所有人的生活水平。

现在轮到你了。你想怎样去影响这个世界？你想给世界带来哪些改变？结束这次对话后，我们不希望你在领导团队时仅仅感觉不同或只是想想而已。我们希望你能实践，用不同的方法做事情！我们希望你能率领团队全功率运行，让你的梦想成真。我们希望你去体验杰夫·布斯以及本书中所描绘的许多其他领导者正在体验的事情。

"实际上，我们的生意变得越来越容易做了，"杰夫对我们说,"大多数人会说他们的生意越发展越混乱。我认为事情正变得容易,因为我有一个由A级选手组成的团队,他们渴望成功。另外,我有更多的时间与家人和朋友在一起。全功率运行后,生活变得更美好,这种感觉真好。"

阐明你的优先事项,明确它们为什么重要,需要做什么来完成这些优先事项,做这些事情会让你感觉很舒服。你会觉得自己可以依靠队友,因为正确的人将在正确的地方追求正确的目标。关系是其中最重要的组成部分。在成功团队里并肩战斗结下的友情是其他任何关系都无法比拟的。

现在,你有能力去做对自己和客户来说最重要的事情;你有能力追求你觉得有意义和有价值的目标;你有能力对世界施加影响,只有你能做到。

古希腊科学家和哲学家阿基米德曾说:"给我一个支点和一根足够长的杠杆,我将撬动整个地球。"我们相信领导就是那根杠杆,你们有这个能力。

现在,你准备好要全功率运行了吗?准备好撬动整个地球了吗?

致 谢

本书的写作过程充满了乐趣。我们真挚地感谢给予我们帮助的每一个人。

感谢斯玛特顾问公司的众多客户,他们给予我们特权,让我们成为他们的领导顾问。

感谢我们所评估过的 15 000 余位领导者,感谢让我们提供咨询服务的数千名领导者。

感谢在为本书做专门调研时,我们采访的 55 位领导者,感谢他们分享的观点和故事。这 55 位领导者是:克里斯蒂·阿克、比尔·阿梅里奥、帕诺斯·安那塔斯蒂斯、克莱尔·班尼特、约翰·贝里斯福德、雷吉·比莎、杰夫·布斯、史蒂芬·切罗内、斯科特·克劳森、吉姆·克利夫顿、阿特·柯林斯、斯科特·库克、迈克·第安布罗斯、汤姆·迪多纳托、吉姆·唐纳德、杰夫·尤因、迈克尔·芬伯格、迈克·费纳、卡伯顿·费拉德、迈克·佛里斯、阿图·葛文德、比尔·乔治、诺埃尔·金斯伯格、吉姆·古德奈特、罗伯特·汉森、凡尔内·哈尼什、拉里萨·赫达、戴维·胡佛、帕特·休斯、亚伦·肯尼迪、温迪·科普、戴维·莱文、蒂姆·马奎斯、马克·米勒、伊娃·莫斯科维茨、亚瑟·皮彭尼斯、保罗·罗斯特、斯蒂文·罗斯坦、乔伊斯、克里斯汀·罗素、米切尔·希尔、约什·西沃曼、马特·西蒙奇尼、布拉德·史密斯、弗莱德·史密斯、尤尔根·史塔克、布瑞恩·斯托尔兹、雷泽·舒勒曼、迈克·萨默斯、蒂姆·塔萨普罗斯、肯特·西里、帕米拉·斯葛拉汉、梅纳德·梅纳德、诺曼·卫克斯、约翰·泽尔默。

感谢我们在芝加哥大学由史蒂夫·卡普兰率领的研究团队，以及在哥伦比亚大学由莫顿·索伦森率领的研究团队。

感谢莱斯利·莉丝－娜佳妍，加州大学临床心理学在读博士，统计分析软件大师，她帮助我们完成了一些统计分析工作。

感谢海伦和洛林·里斯做我们的出版经纪人。

感谢百龄坛/兰登出版社的编辑瑞安·多尔蒂。

致　谢

感谢霍华德·敏斯对我们的文稿进行润色。

感谢雷吉·比莎、阿图·葛文德、泰勒·诺特伯格和约翰·泽尔默对本书的文稿进行审阅。

感谢埃琳娜·博特略在采访中提供的各种帮助。

感谢吉姆·因塔利亚塔和埃里克·戈伯对我们的分析结果进行压力测试。

最后，感谢斯玛特顾问公司全体员工贡献的数据和灵感，没有他们，就没有PWR这个概念。

POWER SCORE
领导者胜任力列表

胜任力	胜任力定义	可接受的最低评分	评分
智商方面			
智 力	迅速获得理解和吸收信息的能力。快速学习能力		
分析能力	深入分析问题和人。分清良莠，深挖本质		
创造力	针对问题提出新的解决方案，或在现有基础上创新。充满想象力		
抽象能力	不仅能有效地处理具体有形的问题，也能处理抽象的、概念上的问题		
判断／决策	决策时保持客观、理性。不犹豫不决，也不鲁莽行事		
实用主义	针对问题提出明智的、现实的、可实现的解决方案		
战略能力	全面分析当前和未来的趋势，判断机遇与威胁。统揽全局		

(续表)

胜任力	胜任力定义	可接受的最低评分	评分
良好的履历	成功的职业经历,取得了不俗的成绩		
教育	达到正式和非正式的教育要求。习惯持续学习		
经验	与职位具体相关的工作经验		
风险承担	承担可能的风险,通常产生可观的回报。不要孤注一掷		
引领前沿	不断对比标杆并期待他人也效仿		
个人特质			
诚信	坚如磐石。不在道德上有所缺失。赢得员工的信任。组织利益高于个人利益		
独断力	针对问题有坚定的立场,同时不会伤及他人的感情		
足智多谋/首创精神	对成功充满渴望,即使缺少资源也能完成预期的目标。能超过预期,行胜于言,是结果导向型的实干家		
组织/规划	高效并有条理地计划、组织、安排、预算,关注重点		
独立性	有自己的独立见解,不轻易受他人影响		
追求卓越	对自己和他人的表现要求很高,不能容忍平庸,有高度的责任心		

(续表)

胜任力	胜任力定义	可接受的最低评分	评分
适应能力	不死板。对复杂性和变化能应对自如		
管理压力	在面对压力时能保持稳定和镇静		
倾听	准确地理解他人的想法、情感和需求。能设身处地地为他人着想。有耐心、乐意倾听、主动倾听		
讨人喜欢	能让人很轻松,情商很高、热情、富有同情心,谦虚、友好、幽默、真诚		
谈判技巧	谈判中能取得可观的成果,达到双赢		
说服力	可信,在表达观点时有说服力		
第一印象	表现出专业风度。建立良好的第一印象,比如肢体语言、眼神交流、姿势等		
自我意识/反馈	能认识到自己的长处和短处。不为错误找借口。运用反馈机制		
团队合作	多接触同事。克服"我们-他们"观点。平易近人。带领同事做有益公司的事		
关注客户	密切留意客户满意度(内部的和外部的)。和客户建立伙伴关系。服务可视化,快速响应		
政治敏感	能认识到政治因素和幕后的动机,并能基于认识有效行动		

（续表）

胜任力	胜任力定义	可接受的最低评分	评分
口头交流	在一对一、小群体和公共场合能顺畅地沟通。流利、反应快、让人容易理解		
书面交流	运用准确的词汇、语法和词组撰写清晰、简洁、有条理的文档		
管理能力			
团队建设	培养有凝聚力的团队精神。公平对待团队中的每个人，守信		
甄选A级员工	运用A级招聘法进行有效的招聘和选择，A级员工比例至少达到90%		
培训/发展/辅导	积极有效地培训、辅导和发展他人，促进他人的晋升及成功。培养人才		
重新安置B级/C级员工	重新配置长期的B级/C级员工		
目标设定	为自己和他人设立切实可行的目标。鼓励个人积极主动		
绩效管理	通过公平的、有力的绩效管理系统强化责任。不吝惜赞美和认同，提供有建设性的批评。持续地提供反馈		
授权	给最底层员工一定的决策权。为下属提供授权和资源		

(续表)

胜任力	胜任力定义	可接受的最低评分	评分
主持会议	有组织和主持会议的能力		
多样性	在使用A级招聘法过程中,注意保持多样性		
领导力			
远见	拥有清晰的、可信的愿景和战略		
激励他人	善于鼓励他人,使他人唯其马首是瞻,极少威逼人。勇于负责,善于利用关键因素激励个人		
进取心	渴望承担更多的责任,拥有更大的责任		
韧性	以一贯的热情努力实现结果。传达强烈的取胜欲念。具有永不放弃的信念		
精力/动力	精力充沛,对成功具有强烈的渴望、高度专注。每周工作60小时以上		
热情/激情	展示活力和一个积极的"可以做"的态度		
冲突管理	理解冲突的负面影响,主动预防或者弱化冲突。通过有效地解决冲突以优化结果。不会压制、忽视或者否认冲突		
引领变革	主动创造和加强积极的变革。以身作则		

(续表)

胜任力	胜任力定义	可接受的最低评分	评分
动 机			
平 衡	平衡工作、健康、关系、社区投入、专业协会、朋友、兴趣		
兼顾需求	在未来,需求与机会是相伴出现的		

注: ▇ 表示相对容易改变; ▒ 表示很难改变但仍然可以改变; ▓ 表示非常难以改变

最低评分以 5 分为满分, 5=优秀, 4=很好, 3=好, 2=一般, 1=差

延伸阅读

如果你希望能获得更多的灵感来实现全功率运行,我们向你推荐以下书目作为延伸阅读:

优先事项

西蒙·斯涅克(Simon Sinek)的畅销书《从"为什么"开始》(*Start with Why*)会帮助你认清自己公司存在的原因。另外,他的《团队领导最后吃饭》(*Leaders Eat Last*)也值得一读。

迈克尔·波特(Michael Porter)的著作《竞争战略》(*Competitive Strategy*)描述了在设定优先

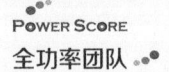

事项时作用于组织的五种力量,它们是客户、现有竞争者、新进入者、替代品和供应商。

彼得·德鲁克(Peter Drucker)创造了"目标管理"这一概念,他认为管理是把事情做对,领导是做对的事情。参阅《卓有成效的管理者》(*The Effective Executive*),这是他写的篇幅最短、最畅销的一本书,也是一部历久弥新的经典著作。

埃利亚胡·M.高德拉特博士的《目标》(*The Goal*)是一部企管小说,它告诉读者如何通过减除束缚来设置和实现目标。而识别和减除束缚的根本就是设定优先事项。

《高效能人士的执行4原则》(*The 4 Disciplines of Execution*)是最有参考价值的一本书。作者麦克切斯尼(McChesney)、柯维(Covey)和霍林(Huling)描述了围绕几个重要但不直接可控的"延迟性指标"和直接可控的"引领性指标"设定目标的重要性,以及设置人人可见的激励性计分表的重要性,并对这两个重要性的区别进行了解释。

用 人

《聘谁:用A级招聘法找到最合适的人》(*Who: The A Method for Hiring*),作者是杰夫·斯玛特、兰迪·斯特里特。了解招聘

延伸阅读

四个步骤的更多内容，实现招聘成功率90%：计分卡、物色、选拔、说服。阅读全书，看看面试官如何让候选人承认自己打了他的CEO。

《你要知道的一件事》（*The One Thing You Need to Know*），作者是马库斯·白金汉（Marcus Buckingham）。该书提醒你，作为领导者要取长补短，招聘那些能填补自己能力不足的人。

关　系

《管理中的魔鬼细节》（*What Got You Here Won't Get You There*），作者是马歇尔·古德史密斯（Marshall Goldsmith）。更多地了解20种使领导者不能建立有效关系的行为脱轨因素。

《领导力》（*The Leadership Challenge*），作者是詹姆斯·库泽斯（James Kouzes）和巴里·波斯纳（Barry Posner）。他们的领导能力实践调查问卷的对象包括140万位领导者。作者对如何构建有效的关系提供了独家见解。模范领导的五大实务要领：以身作则、共启愿景、挑战现状、促进他人、激励人心。

《清单革命》（*The Checklist Manifesto*），作者是阿图·葛文德。该书旨在让你认识到把重要的事情列成一个简单清单的重要性，以及在正确的时间和正确的人对清单进行复核的重要性。

《团队的五种机能障碍》(*The Five Dysfunctions of a Team*)，作者是帕特里克·兰西奥尼（Patrick Lencioni）。当你的团队缺乏信任、惧怕冲突、欠缺投入、逃避责任、无视结果时，就要当心了。

《真北》(*True North*)，作者是比尔·乔治（Bill George）和彼德·西蒙斯（Peter Simons）。该书阐述的是作为领导者如何言行一致，如何展示真诚。

吉姆·柯林斯的《基业长青》(*Built to Last*)、《从优秀到卓越》(*Good to Great*)、《选择卓越》(*Great by Choice*)，以及凡尔内·哈尼什（Verne Harnish）的《洛克菲勒的习惯》(*The Rockefeller Habits*)，可以有效地提醒你在制订目标、跟踪过程、取得成就这一过程中纪律的重要性。

《一万小时天才理论》(*The Talent Code*)，作者是丹尼尔·科伊尔（Daniel Coyle）。该书提供了如何成为天才的实用技巧。

《做个会谈话的好上司》(*Help Them Grow or Watch Them Go*)，作者是贝弗利·凯（Beverly Kaye）和朱莉·温克尔·古利安尼（Julie Winkle Giulioni）。在如何与员工定期进行职业对话方面，该书提供了有益的借鉴。

POWER SCORE
袖珍卡片

PWR 对话

我们是在全功率运行吗?

我们的 PWR 得分是多少?

1. 我们有没有正确的优先事项？关联、正确、清楚？

2. 我们有没有正确的用人？诊断、部署、发展？

3. 我们有没有正确的关系？协调、忠诚、挑战？

中资海派策划
为精英阅读而努力

[美]拉塞尔·布伦森 著
王正林 译

中资海派策划
定 价：42.00 元

线上流量、转化率和销量实现几何级增长的 13 条秘诀和 7 套模板

全中国 5000 万电商从业者、个体创业者、企业营销从业者必读！

无网站流量低、转化率低，只是一个更大问题的症状而已！更大的问题是什么？

互联网营销大师拉塞尔在进行数千次测试和实践之后发现：不管是流量少还是转化率低，都只是症状而已，在这些症状背后，隐藏着更严重、更难发现的问题——销售漏斗问题。简单地说，正确的销售漏斗可以让你每花出 116 元，就赚到 213 元，让你的每一笔成交多赚 2～3 倍的利润。那么，如何设置和迭代销售漏斗呢？

在本书中，拉塞尔将复杂的销售漏斗分拆成 23 块积木，深度分析各块积木的使用和组装技巧，并提供了 13 条漏斗组装秘诀和 7 套现成的组装模板，让你可以自行定制专属销售漏斗，针对性地解决寻找梦幻客户、打造价值阶梯、发售新品、塑造品牌等特定问题，从根本上解决流量低、转化率低、销量低的问题。

中资海派策划
为精英阅读而努力

这本书不仅为初学谈判的人而写，也写给精于谈判的人；对于在达成交易后仍没有"赢"的感觉的人，它更是必读之书。

无论你是打算买一辆车、谈成一个客户还是兼并一家跨国企业，非理性冲动与理性行为都将决定你的谈判结果

如果你是一名新手

只要读完第4章，你就可以学会如何撬开对方的嘴巴，翻开他们的底牌。两位作者把他们的研究成果提炼成了清晰的框架和图表，可以大大提高你准备谈判的效率。

[美] 玛格丽特·A. 尼尔
托马斯·Z. 利斯 著
张淼 译

中资海派策划
定　价：49.80元

如果你靠自学成才

本书将让你成长到更高等级，发现自己的谈判技巧为什么会奏效。你得以进入经济学和心理学的交叉领域，获得全新的谈判视角。

如果你已经读过商学院谈判课程

本书将告诉你如何从对手的反应中获得更多信息。斯坦福和凯洛格商学院的学生尤其喜欢每章后的小结，他们以此为依据开始谈判准备，着手解决问题。

"iHappy书友会"会员申请表

姓　名（以身份证为准）：_____　　性　别：_____
年　龄：_____　　职　业：_____
手机号码：_____　　E-mail：_____
邮寄地址：_____　　邮政编码：_____
微信账号：_____　　（选填）

请严格按上述格式将相关信息发邮件至中资海派"iHappy书友会"会员服务部。
　　邮　箱：szmiss@126.com
　　微信联系方式：请扫描二维码或查找zzhpszpublishing关注"中资海派图书"

中资海派公众号　　中资海派淘宝店

优惠订购	订阅人		部门		单位名称	
	地址				邮编	
	电话				传真	
	电子邮箱			公司网址		
	订购书目					
	付款方式	邮局汇款	深圳市中资海派文化传播有限公司 中国深圳银湖路中国脑库A栋四楼　　邮编：518029			
		银行电汇或转账	户　名：深圳市中资海派文化传播有限公司 开户行：工商银行深圳八卦岭支行 账　号：4000 0273 1920 0685 669 交通银行卡户名：桂林　　卡　号：622260 1310006 765820			
	附注	1. 请将订阅单连同汇款单影印件传真或邮寄，以凭办理。 2. 订阅单请用正楷填写清楚，以便以最快方式送达。 3. 咨询热线：0755—25970306 转 158、168　　传　真：0755—25970309 转 825 　　E-mail：szmiss@126.com				

→利用本订购单订购一律享受九折特价优惠。
→团购30本以上享受八五折优惠。